새표준예배·예식서

새표준예배·예식서

대한예수교장로회총회

발 간 사

인류는 정치, 사회, 경제, 교육 등 모든 분야에 큰 변화를 맞이하였습니다. 교회 역시 예외가 아닙니다. 비대면의 시대, 일상적 삶이 도전받는 시대에 새로운 변화의 방향을 예측하고 변화에 적응해야 하는 과제를 마주하고 있습니다. 이제 새로운 패러다임과 전략으로 본질을 회복하는 일에 집중해야 합니다.

본 교단은 개혁신학의 가치인 오직 성경, 오직 은혜, 오직 믿음의 정신으로 진리를 수호하며 신앙을 굳건히 하는 일에 동참하고 있습니다. 종교다원주의와 포스트모더니즘의 다양한 사조 속에서 진리인 하나님의 말씀은 우리가 지향해야 할 가치이자 영원한 믿음의 보루이기 때문입니다.

금번 출간하는 「새표준예배·예식서」는 신앙의 근거가 되는 성경을 교단의 정체성으로 재확인하면서 개혁주의 전통에 맞는 본 교단의 예배 표준에 대한 이해와 해석을 시도하고, 나아가 주어진 시대에 부합한 방식으로 새롭게 보완 및 개정되었습니다. 그리하여 개혁주의 전통을 따라서 예배와 예식의 구체적인 실천을 담아 성경의 가르침과 헌법, 웨스트민스터 신앙고백, 성경 대·소요리문답과 웨스트민스터 신도게요서(信徒揭要書)의 예배 모범에 부합한 표준예배·예식서를 제공하고자 하였습니다. 성경적·역사적·분석적 접근에 기반을 둔「새표준예배·

「예식서」는 교단의 목회자들에게 예배 실천을 위한 표준을 확인하고 각자의 상황에 맞는 창의적 실천을 가능하게 합니다. 또한 개혁주의 실천에 맞는 보수적인 틀 안에서 참된 진리를 수호하며 균형 잡힌 시각과 개혁신학의 탁월성을 제시해줍니다. 또한 「새표준예배·예식서」는 총회의 정체성은 물론 총회의 존재 목적과 방향, 본 교단의 위상을 높이는 도약의 발판을 제공하며 성경의 가르침과 교단의 정체성, 새로운 시대에 부합한 역사적 연결성을 구체적으로 담아내고 있습니다.

이 예식서를 통해 예배와 신앙의 회복, 총회의 정체성과 교회의 본질을 깨워 교회가 다시 일어나는 초석이 될 것입니다. 쉽지 않은 「새표준예배·예식서」의 발간을 위해 수고하신 집필위원, 감수위원, 교육부 임원, 교육국 직원들과 출판부 관계자들께 진심으로 감사를 드립니다. 애쓴 모든 분들께 주님의 은혜가 충만하시기를 기원합니다.

2024년 1월
대한예수교장로회총회
총회장 오정호 목사

인사말

코로나 팬데믹 이후 우리 사회는 분초사회로 진입했습니다. 사회가 급변하고 변화의 속도가 빨라지고 있는 가운데 최근 몇 년 동안 한국교회도 교회 안팎의 여러 강력한 도전과 비판으로 변화의 기로에 서 있습니다. 이제 한국교회는 지금껏 견지해 온 옛 신앙 패러다임의 한계를 마주하고 있습니다. 다행히 한국교회는 큰 위기를 잘 넘겨왔고, 또 그 위기를 기회로 삼아 성장해 왔습니다. 이는 전적으로 자비하시고 인자하신 주님의 은혜임을 다시 한 번 고백합니다. 엔데믹 시대로 전환하면서 대부분이 점진적으로 회복되고 있는 이때, 과연 우리의 신앙은 개혁주의 교단 정체성에 맞게 얼마나 자리 잡아가고 있는지 돌아보아야 합니다.

시대의 다양한 변화 속에서도 변하지 않는 진리는 오직 하나님의 말씀입니다. 또한 편의를 최우선으로 하는 시대 속에서 우리가 지향해야 할 가치는 하나님 중심 신앙입니다. 현실의 어려움을 타개할 중요한 가치 또한 예배와 신앙의 회복임을 기억해야 합니다.

이를 위해 총회 교육부는 기존의 「표준예식서」를 급변하는 시대와 목회 환경에 맞게 수정하고 재편집하는 사명을 요청받았습니다. 그리하여 제105회 총회에서 발간을 허락받은 후 몇 년 동안 수정과 보완, 집필과 편집의 과정을 거쳤고, 증경총회장과 총회 임원, 교육부 임원, 교수, 목회자 등의 감수를 거쳐 108회 총회에서 허락을 받아 발간하게 되었습니다. 모든 것이 하나님의 은혜입니다.

「새표준예배·예식서」는 종전의 「표준예식서」를 토대로 개혁주의 신학과 역사성, 장로교 전통에서 조화를 이루도록 수정하였습니다. 또한 총회 헌법과 총회 결의사항, 예배 모범 등을 살펴 시대에 맞는 예식서가 되고자 하였고, 개혁신학적, 성경적, 신학적, 목회실천적으로 안전하고 건강한 예식서를 만들기 위해 심혈을 기울였습니다. 무엇보다 목회자들의 예배 인도에 실질적 도움이 되도록 하였고 하나님의 말씀에 근거한 역사적인 교회의 전통과 헌법, 예배 모범의 실례가 목회 현장과 상황에 실제적으로 적용되기를 바랍니다.

마지막으로 본서가 처음 목회를 시작하는 젊은 목사들뿐만 아니라 변화하는 시대적 상황에 맞는 예식을 고민하는 목회자들께 좋은 자료가 되기를 소망합니다. 수고하신 모든 분들께 감사를 전하며 모든 영광을 하나님께 올립니다.

2024년 1월
대한예수교장로회총회
교육부장 하재호 목사

머 리 말

「표준예식서」는 수많은 예배와 예식을 인도하는 목회자에게 성경 다음으로 가까이 두고 애용하는 목회의 나침반과 같은 존재입니다. 하지만 4차 산업혁명과 인공지능 AI, 포스트모던 세대의 문화 등으로 급변하는 시대적 상황 속에서 30년 전에 출간된 「표준예식서」로는 교회의 바른 예배와 예식을 행하는 데 어려움이 많았습니다. 이에 현대 목양에 맞는 새로운 예식서의 필요가 절실했고 긴 시간을 거쳐 이제서야 출간하게 되었습니다. 모든 영광을 하나님께 올려드립니다.

「새표준예배·예식서」는 몇 가지 특징이 있습니다.

첫째, 변화하는 시대에 맞추어 개혁주의 신학과 장로교회 예배 전통의 표준을 제시합니다. 집필진은 무엇보다 이번 예식서가 개혁주의 신앙고백의 정체성을 분명히 하도록 하였습니다. 또한 교단 헌법에서 규정하는 '예배 모범'과 총회 결의를 꼼꼼히 살펴 목회 현장에 맞는 바람직한 예배 예식서로 집필하고자 하였습니다.

둘째, 목회 실천적으로 실제적인 예배 예식서입니다. 현장에서 목회자가 예식서만 들고도 성찬, 임직, 장례, 결혼 예식을 바르고 은혜롭게 인도할 수 있도록 하였습니다. 그냥 읽기만 해도 예배를 인도할 수 있도록 개회기도문, 대표기도문, 찬송가, 성경 본문, 심지어 은혜로운 설교를 위한 팁까지 수록했습니다. 예스러웠던 단어와 문장, 표현도 모두 현대 상용어로 수정했습니다. 또한 각 예배와 예식에 맞는 기준을 제시했습니다. 주일 예배와 성찬식뿐 아니라 절기예배, 세대별 예배, 세대통합예배, 교회 임직식과 은퇴식, 선교사 파송식, 결혼과 장례 예식, 생애 주기에 따른 여러 목양 예식 등 목회 현장에서 발생하는 모든 예배 예식에 바른 기준을 구체적으로 제시하였습니다.

셋째, 시대 변화에 맞는 목양 예배 예식서입니다. 일례로 요즘 장례는 예전과 달리 직접 매장하는 하관보다는 화장하여 납골당에 유골을 안치하거나 수목장을 합니다. 따라서 이번 예식서는 임종부터 입관, 발인, 하관, 화장, 납골, 수목장, 이장 예식뿐 아니라 시신 기증 예식, 장례 후 위로 예식과 추모예식에 대한 기준도 제시하였습니다.

"새 포도주는 새 부대에 넣어야 둘이 다 보전되느니라"(마 9:17)는 말씀처럼 개정된 「새표준예배·예식서」는 언제나 새 포도주인 성경적 개혁신학과 장로교 전통을 급변하는 시대와 문화에 맞는 새 부대에 담고자 집필한 예배 예식서입니다. 성경적이고 신학적이며 목회실천적으로 바른 기준을 제시한 「새표준예배·예식서」가 전국 교회 목사님들께 바른 목양을 위한 유익한 지침서로 사용되기를 바랍니다.

2024년 1월
대한예수교장로회총회
새표준예배·예식서 집필위원장 윤영민 목사

차 례

발간사　총회장　오정호 목사 ……………………………… 4
인사말　교육부장　하재호 목사 ……………………………… 6
머리말　집필위원장　윤영민 목사 ……………………………… 8

제1장 예배와 성례

1. 예배

예 배 …………………………… 16
주일 예배 …………………………… 18
주일저녁(오후) 예배 ……………… 20
절기 예배 …………………………… 21
세대별 예배 ………………………… 22
세대 통합 예배 ……………………… 23
수요 기도회 ………………………… 24

2. 성례식

성례식 ……………………………… 25
학습식 ……………………………… 27
유아 세례식 ………………………… 30
어린이 세례식 ……………………… 33
입교식 ……………………………… 38
세례식 ……………………………… 41
성찬식 ……………………………… 44

제2장 교회와 직원

1. 교회

교회설립 ······················· 52
교회설립 예식 순서 ················ 53

예배당 기공식 ···················· 56
예배당 기공식 순서 ················ 57

예배당 입당식 ···················· 60
예배당 입당식 순서 ················ 61

예배당 헌당식 ···················· 64
예배당 헌당식 순서 ················ 65

2. 직원

임직식 ························· 71
목사 임직(안수)식 ················ 72
목사 위임식 ····················· 77
강도사 인허식 ··················· 81
장로·집사 임직(취임)식 ············ 84
권사 취임식 ····················· 95
서리집사 임명식 ·················· 99
교사, 찬양대원 임명식 ············ 103

은퇴식 ························ 106
원로 목사 추대식 ················ 107
원로 장로 추대식 ················ 111
은퇴식(목사, 장로, 집사, 권사) ···· 113

선교사 파송식 ·················· 115

제3장 혼례와 장례

1. 혼인(결혼) 예식

혼인(결혼) 예식의 의미 ·············· 120
약혼 ······························· 122
약혼 예식 ························ 123
혼인(결혼) ························ 127
혼인(결혼) 예식 ··················· 129

2. 장례 예식

장례 예식의 의미 ················· 138
장례 예식의 규례와 의미 ·········· 138
임종 ······························· 140
임종 예식 ························ 142
입관 ······························· 147
입관 예식 ························ 150
발인 ······························· 155
발인 예식 ························ 157
하관 ······························· 162
하관 예식 ························ 163
시신 기증 예식 ··················· 167
화장 예식 ························ 170
납골·유골안치 예식 ··············· 174
자연장·수목장 예식 ··············· 177
장례 후 위로 예식 ················ 181
이장 예식 ························ 184
추모식 ···························· 188
추모 예식 ························ 189

제4장 목양 예식

목양 예식

목양 예식의 의미	194
가정예배	195
가정예배(1)	196
가정예배(2)	197
구역예배	198
환우 심방	199
첫돌 감사	202
성년 감사	205
생일 감사	207
장수 감사(칠순·팔순)	210
개업 감사	214
기공 감사	217
준공 감사	219
이사(입주) 감사	222

부록

장례 용어	226
주석	228
「새표준예배·예식서」 개정 약사	235

제 1 장

예배와 성례

1. 예 배

예배

예배는 삼위 하나님을 향한 인간의 경배 활동이다. 동시에 예배는 성령의 도우심을 힘입어 그리스도를 통해서 하나님 아버지를 경배하는 실천이다. 개혁 신앙에 따른 장로교 공예배[1]는 성경의 가르침에 따라 구성되고, 하나님과 예배자들 사이의 언약 관계를 강화하며 예배자들의 적극적인 참여를 강조한다. 이에 따라 예배 구성과 실천에서 성경 중심성을 반영하여 성경을 함께 읽고, 성경대로 기도하고, 성경을 선포하고, 성경에 따라 찬양하는 방식을 추구한다. 그리고 하나님이 예배의 대상으로 경배를 받으시고 동시에 예배의 주체로서 예배자들 가운데 능동적이고 적극적으로 임재하시고 일하심을 최대한 반영한다. 이와 아울러 예배자들이 모든 순서에 수동적 관람자가 아니라 적극적 참여자가 되도록 인도하고 안내한다.

주일과 주중에 교회가 정한 구체적인 장소에 회중이 함께 모여 예배할 때 성경의 가르침에 따른 공예배의 구성요소는 다음과 같다. 예배로의 초청, 죄 고백과 용서의 확증, 말씀 선포, 기도, 봉헌, 세례, 신앙고백, 성찬, 축복과 파송 등이다. 그런데 이 구성요소들의 순서와 세부적인 진행 방식은 하나의 고정된 형태로 절대화하지 않는다. 오히려 예배 구성을 위한 구조를 명확히 하고 필수 구성요소들을 정한 후 목회자의 지혜와 분별에 따라 구체적인 실천을 시도하는 것이 필요하다. 다음에서 제시하는 방식은 예배의 구조와 구성요소의 실천을 위한 표준 지침이다.

주일 예배

(예배에서 경배와 헌신을 의미하는 순서를 진행할 때,
목회적 판단에 따라 성도들을 일어서게 할 수 있다.)

예배선언 ··· 인 도 자
묵　　도 ··· 다 같 이
예배기원 ··· 인 도 자

아버지께 참되게 예배하는 자들은 영과 진리로 예배할 때가 오나니 곧 이때라 아버지께서는 자기에게 이렇게 예배하는 자들을 찾으시느니라 하나님은 영이시니 예배하는 자가 영과 진리로 예배할지니라(요 4:23~24)

(또는)

우리의 도움은 천지를 지으신 여호와의 이름에 있도다(시 124:8)

예배를 받으시기에 합당하신 하나님 아버지, 우리의 마음과 뜻을 모아 하나님을 예배합니다. 하늘과 땅을 지으신 하나님께서 우리를 도우시고, 성령과 그리스도를 통해 하나님 아버지의 영광에 참여하는 예배가 되게 하옵소서. 예수님의 이름으로 기도합니다. 아멘.

신앙고백 ························ 사도신경 ······················ 다 같 이
찬　　송 ······················ 1~96장 중에서 ················· 다 같 이

죄 고백 ·· 인도자 / 다같이

(인도자는 회중에게 하나님의 말씀을 따라 살지 못한 죄를
고백하는 기도를 하도록 안내한다.)

용서 간구 ·· 다 같 이

사랑과 용서의 하나님 아버지, 우리의 죄를 용서하시고 새로운 회복의 은혜를 베푸시는 사랑에 감사드립니다. 이제 저희가 말씀을 기억합니다. "누구든지 그리스도 안에 있으면 새로운 피조물이라 이전 것은 지나갔으니 보라 새것이 되었도다"(고후 5:17), "나도 너를 정죄하지 아니하노니 가서 다시는 죄를 범하지 말라"(요 8:11)는 말씀에 힘입어 그리스도 안에서 새로운 삶을 살아가게 하옵소서. 예수님의 이름으로 기도합니다. 아멘.

성시교독 ·· 다 같 이
찬　　송 ·· 다 같 이
기　　도 ·· 맡 은 이
성경봉독[2] ·· 다 같 이
찬　　양 ·· 찬 양 대[3]
설　　교 ·· 목　　사
기　　도 ·· 설 교 자

　학습, 입교, 세례 예식[4]
　　성찬식[5]

찬　　송 ·· 다 같 이
봉　　헌 ·· 헌금위원
교회소식 ·· 인 도 자
찬　　송 ·· 다 같 이
축　　도[6] ·· 목　　사

주일 저녁(오후) 예배[7]

예배선언 …………………………………………………	인 도 자
묵 도 …………………………………………………	다 같 이
기 원 …………………………………………………	인 도 자
신앙고백[8] ……………… 사도신경 ………………	다 같 이
찬 송[9] …………………………………………………	다 같 이
기 도 …………………………………………………	맡 은 이
성경봉독 …………………………………………………	다 같 이
설 교 …………………………………………………	목 사
기 도[10] ………………………………………………	다 같 이
교회소식 …………………………………………………	인 도 자
찬 송 …………………………………………………	다 같 이
축 도 …………………………………………………	목 사

절기 예배[11]

예배선언 ···	인 도 자
묵　　도 ···	다 같 이
기　　원 ···	인 도 자
신앙고백 ················ 사도신경 ································	다 같 이
찬　　송 ···	다 같 이
성시교독 ········ 절기예배에 따른 성시교독문 ··········	다 같 이
찬　　송 ···	다 같 이
기　　도 ···	맡 은 이
성경봉독 ···	다 같 이
찬　　양 ···	찬 양 대
설　　교 ···	목　　사
기　　도 ···	설 교 자
찬　　송 ···	다 같 이
봉　　헌 ···	헌금위원
교회소식 ···	인 도 자
찬　　송 ···	다 같 이
축　　도 ···	목　　사

세대별 예배[12]

예배선언 ···	인 도 자
신앙고백 ······················ 사도신경 ······················	다 같 이
경배의 찬송 ··	다 같 이
참회 기도와 용서 간구 ··	인도자, 다같이
찬　　양 ···	다 같 이
기　　도 ···	맡 은 이
설　　교 ···	목　　사
기　　도 ···	설 교 자
봉헌과 감사 ··	다 같 이
찬　　송 ···	다 같 이
축　　도[13] ··	목　　사

세대 통합 예배[14]

예배선언	인 도 자
묵　　도	다 같 이
예배기원	인 도 자
신앙고백　　사도신경	다 같 이
찬　　송	다 같 이
성시교독	다 같 이
찬　　송	다 같 이
기　　도	맡 은 이[15]
성경봉독	다 같 이[16]
찬　　양	찬 양 대[17]
설　　교	목　　사
기　　도	설 교 자
찬　　송	다 같 이
봉　　헌	헌금위원
교회소식	인 도 자
찬　　송	다 같 이
축　　도	목　　사

수요 기도회[18]

묵　　도	다 같 이
기　　원	인 도 자
찬　　송[19]	다 같 이
기　　도	맡 은 이
성경봉독	다 같 이
설　　교	목　　사
합심기도[20]	다 같 이

　　　　1. 받은 말씀을 주제로
　　　　2. 목회자와 교회를 위하여
　　　　3. 나라와 민족을 위하여
　　　　4. 개인과 가정을 위하여

교회소식	인 도 자
찬　　송	다 같 이
축　　도	목　　사

2. 성례식

성례식

개혁교회의 성례는 세례와 성찬이다. 세례와 성찬은 그리스도께서 제정하신 것으로 그리스도와의 연합과 공동체성 강화를 위한 은혜의 방편으로 주어진 실천이다. 세례와 성찬은 개인적으로 사사로이 실천할 수 없고, 반드시 교회 안에서 목회자의 안내와 지도에 따라 공동체적으로 실천되어야 한다. 세례는 개인적으로 그리스도와의 연합을 의미하지만, 교회 안으로 입문하는 의미도 지닌다. 성찬도 그리스도께서 우리에게 베푸시는 유익을 개인적으로 받아들이는 것과 아울러 공동체적으로 그리스도의 임재에 참여하는 의례이다.

세례 예식은 유아를 위한 세례, 어린이를 위한 세례, 성인을 위한 세례로 구분된다. 유아 세례와 어린이 세례는 반드시 부모와 신앙후견인의 참여를 요구하고, 성인 세례의 경우는 신앙 교육과 지도를 통한 확인으로 학습 예식을 거친다. 하나님을 믿고 섬기는 자가 세례교인이 되는 것은 성경의 가르침에 충실한 자가 되는 것이다. 세례교인은 교회가 정한 예배에 참여하는 것은 물론 교인의 의무를 충실하게 행해야 한다.

성찬 예식은 주님의 죽으심을 기억하는 것과 함께 부활하신 주님의 임재에 기쁨으로 참여하는 것을 포함한다. 공동체 전체가 주님의 고난과 죽으심뿐 아니라 부활에 기쁨과 감사로 참여할 수 있도록 실천하는 의도적인 노력이 요구된다. 개혁교회는 츠빙글리가 강조한 기념설보다는 칼빈이 강조한 영적 임재설을 더욱 따른다. 따라서 성찬에서 '수르숨 코르다'(Sursum Corda, 우리의 마음을 주께 올려드립니다)의 고백과 성령의 도우심을 간구하는 조명기도(epiclesis)를 포함하는 것이 중요하다. 이 성찬 예식은 우리 주 예수께서 친히 세우신 것으로 그리스도를 기념하고 기억하며, 이 예식에 참여한 자들에게 힘을 주사 그리스도와의 연합에 참여하게 하고, 믿음과 거룩한 주의 도를 일으키게 하며, 양심의 평안과 영생의 소망을 확정하는 데 무한한 유익이 된다(헌법적 규칙 제6조 4항). 또한 성찬 예식은 미래적 측면도 지니고 있다. 성도는 성찬 예식을 통해 장차 영원한 하나님 나라에서 누리게 될 천상의 잔치를 소망하며 그것을 이 땅에서 미리 맛보는 것이다(사 25:6~8). 그러므로 성도는 성찬 예식을 통해 그리스도의 십자가 은혜와 영원한 하나님 나라에 대한 소망을 공고히 하는 유익을 얻게 된다. 교회는 성찬 예식을 1년에 2회 이상 거행하는 것이 바람직하고 일주일 전에 미리 안내하여 성도들이 기도로 준비할 수 있도록 해야 한다. 성찬에 쓰고 남은 떡과 포도즙은 정한 곳에 묻는다.

다음에서 제시하는 학습, 세례, 입교, 성찬의 예식 구성은 공예배 안에서 직접 실천하기 위한 구체적인 지침이다.

학 습 식

(후보자는 예배 전에 정해진 자리에 앉는다.)

이제 학습교인[21]을 세우는 학습식을 거행하겠습니다.

학습교인 후보자 호명 ……………………………………………… 집 례 자
(호명된 자는 "예"라고 답하고 일어선다)

성경봉독 ……………… 엡 5:1~2, 딤전 2:4 중에서 ……………… 집 례 자
예 식 사 ………………………………………………………………… 집 례 자

사랑하는 성도 여러분, 하나님의 사랑을 입은 자들을 오늘 학습교인으로 세우고자 합니다. 당회는 ○○○의 믿음과 생활을 잘 살폈고, 학습교인으로 세우기에 적합하다고 여겨 이 일을 허락하였습니다.

이제 이분(들)이 학습교인이 되면 세례 예비자가 되어 6개월 후 세례를 받을 수 있게 됩니다. 그때까지 믿음이 자라고 그리스도의 복음의 도를 깨달아 선한 일에 힘쓰며 교회의 복음을 전파하는 일에 동참하도록 함께 기도해 주시기 바랍니다.

이제 학습을 받으시는 여러분은 거룩하신 하나님과 성도들 앞에서 진실한 마음으로 서약해 주시기 바랍니다.

서 약 ……………………………………………………… 집례자와 학습교인

다음 질문에 "예" 혹은 "아멘"이라고 분명하게 대답해 주시기 바랍니다.

문 천지 만물을 창조하시고 다스리시는 하나님을 믿고 섬기기로 서약합니까?
답 예.

문 예수님은 주와 그리스도시요, 살아계신 하나님의 아들이심을 믿습니까?
답 예.

문 성령님이 당신을 인도하시고, 도우시고, 돌보시는 분이심을 믿습니까?
답 예.

문 성경을 하나님의 말씀으로 믿고 그 말씀에 순종하기로 서약합니까?
답 예.

문 교회 지도를 따라 이제부터 자신의 죄인 된 생활을 버리고, 주일을 거룩히 지키며, 어떠한 환경에서도 주님을 믿고 따르기로 서약합니까?
답 예.

기 도 ………………………………………………………… 집 례 자

하나님 아버지, 사랑하는 ○○○에게 믿음을 주시고 학습 교인이 되게 하심을 감사합니다. 이제 구원의 감격 속에서 주님의 은혜를 더욱 깊이 깨닫게 하시고, 하나님을 예배하는 일과 복음의 증인이 되는 일과 교회의 선한 일에 동참하여 세례 받을 준비를 신실하게 하도록 도와주옵소서. 예수님의 이름으로 기도합니다. 아멘.

공　　포 ……………………………………………………… 집 례 자

이제 ○○○, ○○○, ○○○(학습자 이름 모두 호명)는/은 하나님과 교회 앞에서 하나님을 믿기로 결심하고 세례 받을 예비자로 살고자 서약하였으므로 오늘부터 대한예수교장로회 ○○교회의 학습교인이 된 것을 성부와 성자와 성령의 이름으로 공포합니다. 아멘.

권면과 환영 …………………………………………… 다 같 이

이제부터 여러분은 세례 시까지 더욱 말씀을 가까이하며 하나님 나라 백성다운 삶을 사시기 바랍니다.

유아 세례식

(보호자는 세례 받을 유아와 함께 정해진 자리에 앉는다.)

이제 유아 세례식을 거행하겠습니다.

세례 예비자 호명 .... 집 례 자

세례 받을 아이의 이름을 부르면 부모는 유아를 데리고 자리에서 일어서시기 바랍니다.[22]

성경봉독 .... 막 10:13~16 .... 집 례 자
예 식 사 .... 집 례 자

세례 예식은 그리스도께서 세우신 거룩한 예식입니다. 구약시대 아브라함 자손에게는 할례를 받아 언약 백성으로 인침을 받는 특권이 있었습니다. 복음의 은혜 아래 있는 성도의 자녀들 역시 세례를 받음으로 하나님의 은혜 언약에 속한 자임이 확증됩니다. 무엇보다 그리스도께서 자기 백성들에게 세례를 받으라 명하셨고, 유아들에게 복을 주시며 천국 백성이 되는 은혜를 베푸셨습니다. 복음은 그리스도를 믿는 자들과 그들이 속한 가정에도 영향을 미칩니다. 유아 세례는 복음을 믿는 부모에 의해 자녀들에게 주어지는 하나님 약속의 인침을 의미합니다.

 세례 받은 후 부모들은 하나님의 말씀으로 자녀를 가르치며, 자녀를 위해 그리고 자녀와 함께 기도하며, 신앙생활의 본이 되고, 자녀가 주의 성품으로 자라도록 양육해야 할 책임을 갖습니다. 성경과 신앙의 규례를 따라 지도하고 자녀 스스로 신앙을 고백하는 데 이르도록 주어진 책임을 다해 양육해야 합니다.

서 약 .... 집 례 자

이제 서약을 진행하겠습니다.
다음 질문에 "예" 혹은 "아멘"이라고 분명하게 대답해 주시기 바랍니다.

문 여러분은 이 자녀가 예수 그리스도의 피로 씻음과 성령님의 새롭게 하시는 은혜를 받아야 할 것을 믿습니까?
답 예.

문 여러분은 앞으로 이 자녀에게 세례의 의미를 가르치며, 성경을 읽고 기도하며 예배에 참여할 것과 그리스도인의 올바른 생활에 대하여 가르치기로 서약합니까?
답 예.

문 여러분은 지금 이 자녀를 하나님께 바치고 겸손한 마음으로 하나님의 은혜를 의지하며, 친히 신앙의 모범을 통해 그들이 하나님의 자녀로 살도록 양육하기로 서약합니까?
답 예.

기 도[23] .... 집 례 자

자비로우신 하나님 아버지, 성도의 가정에 귀한 자녀를 주시고 하나님의 자녀로 양육할 기회를 주시니 감사합니다. 이 시간 하나님이 허락하신 자녀가 세례를 받고자 합니다. 여기 부모(들)가 자녀를 믿음으로 잘 양육하겠노라고 고백했습니다.
　이제 세례 받는 자녀가 하나님의 은혜 안에서 평생을 살게 하옵소서. 하나님의 사랑을 힘입게 하시고, 그리스도의 은총 안에서 자라게 하시고, 성령의 도우심을 따라 복음에 합당한 삶을 살 수 있도록 인도해 주옵소서. 평생 믿음의 길에서 떠나지 않게 지켜주시고, 세상의

여러 위험에 넘어지지 않으며, 시험과 유혹에 미끄러지지 않도록 붙잡아 주옵소서. 부모의 돌봄과 교회의 양육에 힘입어 그리스도인으로 자라가는 데 어려움이 없게 하옵소서. 예수님의 이름으로 기도합니다. 아멘.

세 례 ··· 집 례 자

(호명된 유아를 순서대로 나오게 하고 집례자가 부모에게서 아이를 받아 품에 안거나 부모의 품에 있는 채로 세례를 베푼다.)

예수를 주와 그리스도로 믿는 성도의 자녀 ○○○에게
내가 성부와 성자와 성령의 이름으로 세례를 주노라. 아멘.

공 포 ··· 집 례 자

오늘 ○○○(여러 명일 경우 모두 호명)는/은 하나님의 은혜를 좇아 유아 세례를 받았으므로 이제 대한예수교장로회 ○○교회의 유아 세례 교인이 된 것을 성부와 성자와 성령의 이름으로 공포합니다. 아멘.

회중 서약 ··· 집 례 자

문 사랑하는 교우 여러분, 오늘 유아 세례를 받은 아이들이 자라서 입교할 때까지 성령의 인도를 받아 신실한 그리스도인이 될 수 있도록 사랑과 기도로 돌보시겠습니까?
답 예.

권면과 환영[24] ·· 다 같 이

어린이 세례식

신앙후견인 서약

(집례자는 신앙후견인[25]이 세례 받을 어린이를 데리고 나와 정해진 자리에 앉게 하고 아래 순서에 따라 예식을 거행한다.)

지금부터 어린이 세례식을 거행하겠습니다.
호명하는 대로 세례 받는 어린이의 신앙후견인은 일어서 주시기 바랍니다.

신앙후견인 호명 ································· 집 례 자
성경봉독 ·········· 벧전 3:21~22, 요 3:5~8, 롬 6:3~6 중에서 ·········· 집 례 자
예 식 사 ································· 집 례 자

세례는 예수 그리스도께서 세우신 성례입니다. 구약시대에 아브라함의 자손이 할례를 받는 특권이 있었던 것처럼, 복음의 은혜 아래 있는 성도의 자손에게도 세례의 특권이 주어집니다. 예수 그리스도께서 사람들에게 명하사 세례를 받으라 하셨고, 어린이들을 축복하시면서 천국의 백성도 이와 같아야 한다고 하셨습니다. 세례의 원리와 의미는 우리가 따르는 교회의 신경과 대소요리문답에서 분명히 가르쳐주고 있습니다. 신앙후견인(들)은 어린이(들)를 위해서 기도하고, 어린이(들)와 함께 기도하며, 어린이(들)에게 하나님과 교회에 대한 충성과 겸손의 본을 보여, 주의 성품과 가르침 안에서 자라게 해야 합니다.

서   약 ··· 집 례 자
(오른손을 들어 서약하게 한다.)

다음 서약문에 "예"로 분명하게 대답해 주시기 바랍니다.

문 신앙후견인(들)은 이 자리에 추천한(후견하는) 어린이(들)의 믿음이 진실한지와 예수님을 믿어 구원의 확신이 있는지를 확인하셨습니까?
답 예.

문 신앙후견인(들)은 세례 받을 어린이(들)에게 믿음의 부모로서 사명감을 가지고 앞으로도 믿음으로 양육하기를 작정하십니까?
답 예.

문 신앙후견인(들)은 추천한 어린이(들)가 성장해 감에 따라 상급 기관으로 올라가더라도 신앙이 올곧게 자라도록 관심을 가지고 기도하며 돌보기로 작정하십니까?
답 예.

기   도 ··· 집 례 자

하나님 아버지, 감사와 영광을 받으시옵소서. 하나님의 교회 안에 귀한 자녀를 주시고, 믿음을 허락하시며, 주의 말씀으로 자라게 하심을 감사합니다. 특별히 지금 세례 받을 어린이의 신앙후견인이 되어 세례 받는 아이의 신앙과 삶을 돌볼 수 있는 자로 세워주셔서 감사합니다. 여기 신앙후견인(들)에게 삼위 하나님의 은혜가 충만하게 하옵소서. 어린이(들)의 믿음과 생활의 본이 되게 하시고, 어린이(들)를 위하여 기도하며, 그(들)를 보살피고 인도할 지혜와 능력을 허락해 주옵소서. 예수님의 이름으로 기도합니다. 아멘.

신앙후견인(들)은 자리에 앉아 주시기 바랍니다. 이제 호명하는 대로 세례 받는 어린이(들)는 일어서 주시기 바랍니다.

(집례자는 어린이 세례자를 모두 일어서게 하고
아래 순서에 따라 예식을 진행한다.)

어린이 호명 ……………………………………………………… 집 례 자
예 식 사 ……………………………………………………… 집 례 자

세례는 우리를 예수 그리스도와 연합하는 성례입니다. 우리 교회 당회는 세례를 받기 원하는 어린이(들)와 신앙후견인(들)의 청원에 따라 이들의 서약과 믿음을 확인한바 세례 받기에 적합하다고 판단하여 어린이 세례 교인으로 세우려고 합니다.

모든 성도는 세례 받는 어린이(들)를 그리스도의 이름으로 축복하고 환영해서 하나님께 영광을 돌리시기 바랍니다. 또한 어린이 세례자(들)가 하나님 말씀에 순종하고, 교회의 법도를 지키고, 신앙으로 자라갈 수 있도록 협력해 주시기 바랍니다.

이제 대한예수교장로회 ○○교회 당회는 제자를 삼아 세례를 주라 하신 주님의 명령대로 어린이 세례를 베풀고자 하오니 세례 받는 어린이(들)는 하나님과 성도들 앞에서 엄숙하게 서약해 주시기 바랍니다.

서 약 ……………………………………………………… 집 례 자

다음 서약문에 "예" 또는 "아멘"이라고 분명하게 대답해 주시기 바랍니다.

문 여러분(또는 ○○○ 어린이)은 죄인인 것과 예수님께서 우리를 죄에서 구원하신 구세주이심을 믿습니까?
답 예.

문 여러분(또는 ○○○ 어린이)은 이 시간에 예수님을 믿음으로 죄를 용서받았고 구원받았음을 확신합니까?
답 예.

문 이제부터 예수님을 믿고 세례 받은 어린이로서 자부심을 가지고 열심히 신앙 생활하기로 다짐합니까?
답 예.

문 앞으로 성경의 가르침을 따라 주일을 거룩하게 지키며, 예배와 기도 생활을 하고, 성경을 직접 읽고 전도하며, 다른 사람들을 사랑하며 섬김으로 하나님 나라를 위해 살겠습니까?
답 예.

문 앞으로 교회를 사랑하고, 교회의 가르침을 잘 따르고, 목사님과 선생님의 가르침을 잘 받으며, 교회를 떠나지 않기로 다짐합니까?
답 예.

기 도 .... 집 례 자

사랑의 하나님 아버지, 영원하신 사랑으로 오늘 이 어린이(들)가 세례를 받도록 은혜를 베풀어 주셔서 감사합니다. 이 어린이(들)가 이제 하나님 나라와 복음의 증인으로서 충성스럽게 살아가게 하시고, 교회의 덕을 세우고, 거룩한 삶을 살게 하여 주옵소서. 하나

님께서 이 어린이(들)에게 은혜를 베푸셔서 힘들고 어려운 상황에서도 믿음으로 인내하고 승리할 수 있도록 인도해 주옵소서. 항상 하나님의 돌보심과 보호하심이 함께하고, 하나님과 모든 사람 앞에서 사랑과 칭찬을 받는 어린이(들)가 되게 하옵소서. 또한 늘 믿음과 소망과 사랑으로 살아 하나님께 영광을 돌리는 하나님의 사람, 교회의 사람이 되어 이웃을 사랑하며 살게 해주옵소서. 예수님의 이름으로 기도합니다. 아멘.

세 례 ··· 집 례 자
(세례 받는 각 사람에게)

예수를 주와 그리스도로 믿어 하나님의 자녀가 된 ○○○에게 내가 성부와 성자와 성령의 이름으로 세례를 주노라. 아멘.

공 포 ··· 집 례 자

오늘 ○○○(각각 호명)는/은 하나님의 은혜로 어린이 세례를 받았으므로 이제 대한예수교장로회 ○○교회 어린이 세례 교인이 된 것을 내가 성부와 성자와 성령의 이름으로 공포합니다. 아멘.

권면과 환영 ··· 다 같 이

이제부터 여러분은 입교 시까지 더욱 믿음으로 자라고 하나님 나라의 백성으로 복음에 합당한 삶을 사시기 바랍니다.

입 교 식

(입교 후보자는 예배 전에 정해진 자리에 앉는다.)

이제 유아 세례자/어린이 세례자를 위한 입교식을 거행하겠습니다.

입교인 후보자 호명 ·· 집 례 자

호명된 자는 "예"라고 답하고 일어서기 바랍니다.

성경봉독 ························· 롬 10:9~10 ···················· 집 례 자
예 식 사 ·· 집 례 자

  이 자리에 일어선 사랑하는 교우 여러분, 여러분은 유아 세례(어린이 세례)를 받음으로 어린 시절부터 교인이 되었고, 부모 또는 신앙 후견인의 약속과 헌신으로 하나님의 은혜언약의 유산을 이어받는 자녀로 확증받은 자들입니다. 이제 여러분은 정한 나이가 되어 스스로 자신의 신앙과 삶에 대한 책임과 특권을 누릴 자가 되기를 원하고 있습니다.
  이에 당회는 여러분의 신앙을 문답하였고, 그 결과 충실하고 적절한 신앙을 고백하였으므로, 이제 여러분을 입교인으로 허락하고자 합니다. 성삼위 하나님이 여러분의 마음에 함께하시기를 기도하며 진실한 마음으로 서약해 주시기 바랍니다.

서   약 ·· 집 례 자
다음 서약문에 "예" 혹은 "아멘"이라고 분명하게 대답해 주시기 바랍니다.

유아 세례자

문 여러분은 유아 때 부모님이 대신한 신앙고백과 서약으로 세례를 받았는데, 이제는 여러분이 장성했으므로 그 고백과 서약을 여러분 자신의 것으로 삼고 성실히 지킬 것을 확실히 서약합니까?

답 예.

어린이 세례자

문 여러분은 어린이 때 신앙후견인이 돌보는 가운데 신앙고백과 서약을 통해 세례를 받았는데, 이제는 여러분이 성장하여 그 고백과 서약을 스스로 자신의 것으로 삼고 성실하게 지킬 것을 확실히 서약합니까?

답 예.

유아, 어린이 세례자 모두

문 여러분은 자신이 하나님 앞에서 죄인인 줄 알며, 당연히 그 죗값으로 정죄를 받아 마땅하지만, 오직 하나님의 자비하심으로 구원에 이른 소망의 사람이 된 것을 분명히 인정합니까?

답 예.

문 여러분은 창조주 하나님을 믿으며, 그 독생자 예수 그리스도가 유일한 구주이심을 믿으며, 성령을 믿음으로 하나님이 삼위일체이심을 확실히 믿습니까?

답 예.

문 여러분은 지금 성령의 인도하심을 따라 모든 죄를 버리고 그리스도 예수의 가르침과 모범을 따라 살기로 작정합니까?

답 예.

문 여러분은 교회 지도를 따라 교인의 의무와 권리를 옳게 행하고, 교회의 관할과 치리에 복종하며, 교회의 화평과 덕을 세우는 데 힘쓸 것을 서약합니까?
답 예.

기　　도 ··· 집 례 자

사랑의 하나님 아버지, 이들이 부모의 신앙을 이어받아 (신앙후견인의 지도와 돌봄을 받아) 자신의 신앙을 고백하게 하시고, 성령 안에서 거룩하게 자라 이렇게 입교하게 하심을 감사합니다. 이제 이들이 주님 나라에 이를 때까지 믿음으로 살고 주님을 섬기며 복음을 전하도록 성령으로 인도해 주옵소서. 예수님의 이름으로 기도합니다. 아멘.

공　　포 ··· 집 례 자

이제 이들이 하나님 앞과 온 교우들 앞에서 그 신앙을 따라 성실히 서약하였으므로 오늘부터 ○○○, ○○○ (일일이 호명함이 옳음) 이상 ○명은 대한예수교장로회 ○○교회 입교인이 된 것을 성부와 성자와 성령의 이름으로 공포합니다. 아멘.

권면과 환영 ·· 다 같 이

이제부터 여러분은 교회가 베푸는 성찬식에 참여할 것이며 복음을 증거하는 삶을 충성되게 사시기 바랍니다.

세례식

이제 세례식을 거행하겠습니다.

세례 후보자 호명 ··· 집 례 자

    (호명된 자는 "예"라고 답하며 정해진 자리로 나아가 선다.)

성경봉독[26] ················ 벧전 3:21~22 ················ 집 례 자

예 식 사 ··· 집 례 자

  세례는 그리스도의 은혜에 참여하고 그리스도와 연합하며 교회에 입문하는 거룩한 예식입니다. 이제 당회는 세례 받기를 원하는 이들의 신앙을 잘 살피고 그 믿음과 신앙 경력이 세례 받기에 합당하다고 보아 세례를 베풀고자 합니다.

  모든 교우는 이제 세례 받을 이들을 한 몸 된 자로 받아 환영하면서 하나님께 영광을 돌리시기 바랍니다. 그리고 이들이 하나님의 말씀에 순종하여 교회의 법도를 지키고 섬기도록 존중하면서 협력하시기 바랍니다.

  이제 세례 받을 이들은 하나님과 성도들 앞에서 엄숙히 서약하시기 바랍니다.

서 약 ··· 집 례 자

    (오른손을 들어 서약하게 한다.)

다음 서약문에 "예" 혹은 "아멘"이라고 분명하게 대답해 주시기 바랍니다.

문 여러분은 자신이 하나님의 진노를 면치 못할 죄인인 것을 인정하고 하나님의 은혜로 구원받는 것 외에 다른 소망이 없음을 믿습니까?

답 예.

문 여러분은 복음이 가르치는 바와 같이 예수님이 하나님의 아들이심과 죄인의 구주이심을 믿고 그분만을 의지하겠습니까?

답 예.

문 여러분은 성령의 은혜 안에서 그리스도의 제자가 되어 그분의 가르침과 본을 따라 살기로 서약합니까?

답 예.

문 여러분은 성경을 하나님의 말씀으로 믿고 그 말씀에 순종하기로 서약합니까?

답 예.

문 여러분은 교회의 지도에 따르고 교회의 덕과 화평을 이루는 일에 힘쓰며, 교인 된 의무와 권리를 바르게 행사하기로 서약합니까?

답 예.

기 도 ··· 집 례 자

하나님 아버지, 크신 사랑과 은혜로 이들을 부르시고 믿음을 주시어 세례 받게 하심을 감사합니다. 이제 저들의 몸과 마음을 받으시고 친히 세례를 베푸시어 물과 성령으로 새롭게 하옵소서. 저들이 그리스도의 은혜를 힘입고, 또한 그리스도와 연합하여 어떠한 고난

과 인생의 역경을 만날지라도 하나님의 자녀로 승리하게 하옵소서.
예수님의 이름으로 기도합니다. 아멘.

세　례 ·· 집 례 자
(세례 받는 각 사람에게)

예수를 주와 그리스도로 믿어 하나님의 자녀가 된 ○○○에게 내가 성부와 성자와 성령의 이름으로 세례를 주노라. 아멘.

공　포 ·· 집 례 자
(세례 받은 이들은 다시 자기 자리로 돌아가 선다.)

오늘 ○○○, ○○○, ○○○ 이상 ○명은 하나님의 은혜로 세례를 받았으므로 이제 대한예수교장로회 ○○교회 세례 교인이 된 것을 내가 성부와 성자와 성령의 이름으로 공포합니다. 아멘.

권면과 환영 ··· 다 같 이

이제부터 여러분은 교회가 베푸는 성찬식에 참여할 것이며 주의 나라가 이 땅에 이를 때까지 복음을 전하며 주님께 더욱 충성하시길 바랍니다.

성찬식

예배 중 성찬의 순서에서 아래 순서에 따라 예식을 진행한다.

(집례자 목사는 성찬상 앞에 선다.)

이제 성찬식을 거행하겠습니다.

성찬찬송 ·················	227~233장 중에서 ·················	다 같 이
신앙고백[27] ·················	사도신경 ·················	다 같 이
제정의 말씀[28] ·················		집 례 자

(고전 11:23~29)

23 내가 너희에게 전한 것은 주께 받은 것이니 곧 주 예수께서 잡히시던 밤에 떡을 가지사 24 축사하시고 떼어 이르시되 이것은 너희를 위하는 내 몸이니 이것을 행하여 나를 기념하라 하시고 25 식후에 또한 그와 같이 잔을 가지시고 이르시되 이 잔은 내 피로 세운 새 언약이니 이것을 행하여 마실 때마다 나를 기념하라 하셨으니 26 너희가 이 떡을 먹으며 이 잔을 마실 때마다 주의 죽으심을 그가 오실 때까지 전하는 것이니라 27 그러므로 누구든지 주의 떡이나 잔을 합당하지 않게 먹고 마시는 자는 주의 몸과 피에 대하여 죄를 짓는 것이니라 28 사람이 자기를 살피고 그 후에야 이 떡을 먹고 이 잔을 마실지니 29 주의 몸을 분별하지 못하고 먹고 마시는 자는 자기의 죄를 먹고 마시는 것이니라

예 식 사 ·· 집 례 자

이 예식은 우리 구주 예수 그리스도께서 친히 세우신 것으로 그리스도의 죽으심과 부활을 기억하며 성령 안에서 주님과 연합하는 예식입니다.

여러분, 이 성찬은 우리의 죄를 대속하신 예수 그리스도의 십자가 은혜를 생각하게 할 뿐 아니라 주님과 영적으로 한 몸이 되는 예식입니다. 더 나아가 공동체적으로 하나님이 예비해 놓으신 천국 잔치에 미리 참여하는 예식입니다.

이 성찬식을 통해 주님은 우리에게 힘을 주시며, 죄를 대적하게 하십니다. 모든 고난에서 견딜 힘을 주시고, 우리를 굳세게 하시며, 그리스도인으로서 책임을 다할 수 있도록 능력을 더해 주십니다. 그리하여 우리 마음에 평안과 소망을 주십니다.

이 예식은 세례 받은 성도들이 떡과 잔을 함께 나누어 먹고 마시는 방식으로 진행합니다. 그러나 양심에 가책을 느끼는 분과 주의 몸인 교회를 향한 거리낌이 있는 자들은 떡과 잔을 받는 일에 주의해야 합니다.

기　　도 ·· 집 례 자

자비로우신 하나님 아버지, 영광과 존귀와 감사와 찬송을 올려드립니다. 예수 그리스도의 은혜로 죄와 사망에서 구속함을 입은 저희가 하나님의 사랑과 그리스도의 은혜를 기억하면서 이 거룩한 예전에 참여케 하심을 진실로 감사드립니다. 이 시간 성령께서 임재하셔서 이 거룩한 성찬식에 참여하는 성도들에게 깊은 은혜의

역사를 일으켜 주옵소서. 우리가 하늘 보좌 우편에 계신 그리스도의 임재에 참여할 수 있도록 성령께서 우리를 이끌어 주옵소서. 이 성찬식을 통해 주님의 몸과 피를 대할 때 심령이 새로워지게 하시고, 우리의 삶이 변화되게 하시고, 예수 그리스도의 고난과 죽으심, 부활과 승리를 체험하게 하옵소서. 그리하여 주님 안에서 더 깊은 영적인 연합과 교제와 사랑이 넘치게 하시며, 승리하는 삶을 살게 하옵소서. 우리 구주 예수 그리스도의 이름으로 기도합니다. 아멘.

분 병 ··· 집례자와 성찬위원

(성찬위원들[장로들][29]은 성찬상 앞으로 나와 줄지어 선 후 정해진
두 위원이 성찬보를 마주 잡고 귀를 맞추어 단정히 접어놓게 한다.
그리고 떡 그릇을 위원들에게 주어 두 손으로 들게 하고
떡 하나를 손에 집어 든다.)

권 면 ··· 집 례 자

(집례자는 떡을 성도들에게 보여주며 다음과 같이 권면한다.)[30]

주 예수 그리스도께서 잡히시던 날 밤, 떡을 가지사 축사하시고 떼어 제자들에게 주시며 말씀하시기를 "받아 먹으라 이것이 내 몸이니라"고 하셨습니다. 주의 분부하심을 따라 주님의 몸을 기념하는 떡인 줄 알고 받아 먹으시기 바랍니다.

분병의 시작 ·· 집례자와 분병위원

(집례자[목사]의 신호를 따라 분병위원들은 성도들에게 떡을 나눈다.
성도들은 떡을 받아 먹고 기도하도록 한다.)

(성경 낭독과 반주)[31]

(요 6:53~58)[32]

53 예수께서 이르시되 내가 진실로 진실로 너희에게 이르노니 인자의 살을 먹지 아니하고 인자의 피를 마시지 아니하면 너희 속에 생명이 없느니라 54 내 살을 먹고 내 피를 마시는 자는 영생을 가졌고 마지막 날에 내가 그를 다시 살리리니 55 내 살은 참된 양식이요 내 피는 참된 음료로다 56 내 살을 먹고 내 피를 마시는 자는 내 안에 거하고 나도 그의 안에 거하나니 57 살아계신 아버지께서 나를 보내시매 내가 아버지로 말미암아 사는 것같이 나를 먹는 그 사람도 나로 말미암아 살리라 58 이것은 하늘에서 내려온 떡이니 조상들이 먹고도 죽은 그것과 같지 아니하여 이 떡을 먹는 자는 영원히 살리라

(요 15:5~12)[33]

5 나는 포도나무요 너희는 가지라 그가 내 안에, 내가 그 안에 거하면 사람이 열매를 많이 맺나니 나를 떠나서는 너희가 아무것도 할 수 없음이라 6 사람이 내 안에 거하지 아니하면 가지처럼 밖에 버려져 마르나니 사람들이 그것을 모아다가 불에 던져 사르느니라 7 너희가 내 안에 거하고 내 말이 너희 안에 거하면 무엇이든지 원하는 대로 구하라 그리하면 이루리라 8 너희가 열매를 많이 맺으면 내 아버지께서 영광을 받으실 것이요 너희는 내 제자가 되리라 9 아버지께서 나를 사랑하신 것같이 나도 너희를 사랑하였으니 나의 사랑 안에 거하라 10 내가 아버지의 계명을 지켜 그의 사랑 안에 거하는 것같이 너희도 내 계명을 지키면 내 사랑 안에 거하리라 11 내가 이것을 너희에게 이름은 내 기쁨이 너희 안에 있어 너희 기쁨을 충만하게 하려 함이라 12 내 계명은 곧 내가 너희를 사랑한 것같이 너희도 서로 사랑하라 하는 이것이니라

확   인 ··· 집 례 자
    (위원들이 분병을 마치고 회중석 뒤에 대기하는 동안
    집례자는 회중을 향하여 다음과 같이 확인한다.)

세례 받은 분 중에 혹시 떡을 받지 못한 분이 계시면 손을 들어 표시해 주시기 바랍니다.

    (받지 못한 자가 없다면 분병위원들을 앞으로 나오게 하고
    집례자에게 떡을 받아 먹게 한다.)

분   잔 ··· 집례자와 성찬위원
    (집례자[목사]가 잔이 있는 성찬 그릇을 위원들에게 주어
    두 손으로 받쳐 들게 한다.)

권   면 ··· 집 례 자
    (집례자는 잔을 성도들에게 보여주며 다음과 같이 권면한다.)

우리 주님께서 식후에 잔을 가지사 축사하신 후에 제자들에게 주시며 이르시되 "이 잔은 나의 피로 세운 새 언약이니 이것을 행하여 마실 때마다 나를 기념하라" 하셨습니다. 우리가 이 시간 이 잔을 대할 때 주님의 생명과 연합하는 복된 시간이 될 수 있기를 바랍니다. 이 잔은 조금 전에 떡을 받은 성도만이 받아 마시는 것입니다.

    분잔의 시작 ································· 집례자와 분잔위원
        (집례자[목사]의 신호에 따라 분잔위원들은 성도들에게 잔을 나눈다.
        성도들은 잔을 받아 먹고 기도하도록 한다.)

    (성경 낭독과 반주)[34]

(사 53:1~6)

1 우리가 전한 것을 누가 믿었느냐 여호와의 팔이 누구에게 나타났느냐 2 그는 주 앞에서 자라나기를 연한 순 같고 마른 땅에서 나온 뿌리 같아서 고운 모양도 없고 풍채도 없은즉 우리가 보기에 흠모할 만한 아름다운 것이 없도다 3 그는 멸시를 받아 사람들에게 버림받았으며 간고를 많이 겪었으며 질고를 아는 자라 마치 사람들이 그에게서 얼굴을 가리는 것 같이 멸시를 당하였고 우리도 그를 귀히 여기지 아니하였도다 4 그는 실로 우리의 질고를 지고 우리의 슬픔을 당하였거늘 우리는 생각하기를 그는 징벌을 받아 하나님께 맞으며 고난을 당한다 하였노라 5 그가 찔림은 우리의 허물 때문이요 그가 상함은 우리의 죄악 때문이라 그가 징계를 받으므로 우리는 평화를 누리고 그가 채찍에 맞으므로 우리는 나음을 받았도다 6 우리는 다 양 같아서 그릇 행하여 각기 제 길로 갔거늘 여호와께서는 우리 모두의 죄악을 그에게 담당시키셨도다

(롬 8:9~11)

9 만일 너희 속에 하나님의 영이 거하시면 너희가 육신에 있지 아니하고 영에 있나니 누구든지 그리스도의 영이 없으면 그리스도의 사람이 아니라 10 또 그리스도께서 너희 안에 계시면 몸은 죄로 말미암아 죽은 것이나 영은 의로 말미암아 살아 있는 것이니라 11 예수를 죽은 자 가운데서 살리신 이의 영이 너희 안에 거하시면 그리스도 예수를 죽은 자 가운데서 살리신 이가 너희 안에 거하시는 그의 영으로 말미암아 너희 죽을 몸도 살리시리라

(롬 6:5)[35]

만일 우리가 그의 죽으심과 같은 모양으로 연합한 자가 되었으면 또한 그의 부활과 같은 모양으로 연합한 자도 되리라

확   인 ·· 집 례 자

> (위원들이 분잔을 마치고 회중석 뒤에 대기하는 동안
> 집례자는 회중을 향하여 다음과 같이 확인한다.)

입교인과 세례 받은 분 중에 잔을 받지 못한 분이 계시면 손을 들어 표시해 주시기 바랍니다.

> (받지 못한 자가 없다면 분잔위원들을 앞으로 나오게 하고
> 집례자에게 잔을 받아 먹게 한다.)

성찬상 덮음 ·· 집례자와 성찬위원

> (위원 중에서 두 사람이 서로 정중하게 접은 순서대로 다시 펴 덮는다.)

감사의 기도 ·· 집 례 자

하나님 아버지, 우리가 성령의 임재 가운데 주님의 식탁에서 성찬을 받게 하심을 감사합니다. 이제 우리 모두 주님과 연합한 자로서 주 안에서 더욱 하나가 되게 하옵소서. 한 피 받아 한 몸 이룬 주님의 가족이 되어 서로 사랑하며 살게 하옵소서.

   주님, 이제 우리는 성찬을 먹고 마셨으니 주님이 주시는 능력을 따라 죄악과 싸워 이기게 하시고, 주님의 복음을 세상에 나가 전하게 하옵소서. 우리의 삶이 성령님의 능력으로 주님을 더욱 영화롭게 하게 하옵소서. 예수님의 이름으로 기도합니다. 아멘.

찬   송 ············ 436장 나 이제 주님의 새 생명 얻은 몸 ············ 다 같 이

축   도 ·· 집 례 자

제 2 장

교회와 직원

1. 교 회

교회설립

교회설립이란 교회의 주인 되시는 예수 그리스도께서 친히 자신의 몸을 이 땅에 세우시는 것이다(마 16:18). 교회는 신앙훈련의 공동체로서 하나님이 돌보시는 목양의 장이다. 이러한 교회의 설립은 하나님이 기뻐하시는 일이고 마땅히 노력해야 할 과제이다.

교회설립 예식 순서[36]

묵　　도 ……………………………………………………… 다 같 이

내가 이 반석 위에 내 교회를 세우리니 음부의 권세가 이기지 못하리라 내가 천국 열쇠를 네게 주리니 네가 땅에서 무엇이든지 매면 하늘에서도 매일 것이요 네가 땅에서 무엇이든지 풀면 하늘에서도 풀리리라(마 16:18~19)

기　　원 ……………………………………………………… 인 도 자

하나님 아버지, 감사합니다. 오늘 이 시간 주의 영원하신 경륜 속에서 이곳에 주의 몸 된 교회를 설립하도록 인도하신 성삼위 하나님께 영광과 존귀와 찬양과 경배를 올려드립니다. 주여, 이곳에 임하여 주옵소서. 주께서 세우신 ○○교회에서 드리는 첫 예배를 기쁘게 받아 주옵소서. ○○교회의 머리 되시며 주인 되시는 우리 주 예수 그리스도께서 이 땅에 다시 오실 때까지 예배와 기도와 찬송 소리가 그치지 않게 하시고, 날마다 믿는 자가 많아지게 하시며, 주의 교회가 은혜와 진리로 부흥하는 역사가 일어나게 하여 주옵소서. 예수님의 이름으로 기도합니다. 아멘.

신앙고백 ………………… 사도신경 ………………… 다 같 이

찬　　송 ………………208장 내 주의 나라와……………… 다 같 이
　　　　　　　　(또는) 600장 교회의 참된 터는

기   도 .... 맡 은 이

거룩한 주의 교회 세우기를 기뻐하시는 하나님 아버지, 감사합니다. 오늘 ○○교회를 설립하며, ○○교회의 머리 되시고 참 주인 되시는 주께 영광과 찬양을 올려드리게 하시니 감사합니다. 주여, 우리가 드리는 예배를 기쁘게 받아주시고, 예배를 드리는 심령마다 하나님을 사랑하고 교회를 사랑하는 마음을 물 붓듯이 부어주옵소서.

하나님 아버지, 이제 주의 교회가 겨자씨처럼 작게 시작하지만, 세우신 목사님과 사모님, 함께한 성도들의 믿음의 역사와 사랑의 수고와 소망의 인내를 통하여 싹이 나고 줄기가 자라고 잎이 나고 꽃이 피게 하여 주옵소서. 수년 내에 시냇가에 심긴 나무처럼 부흥하고 성장하여 철을 따라 열매를 맺고 잎사귀가 마르지 아니함같이 모든 일이 형통함으로 수많은 영혼을 구원하고 하나님 나라의 확장에 앞장서는 교회로 든든히 서게 하여 주옵소서.

하나님 아버지, 주께서 세우신 교회가 시간이 갈수록 하나님을 사랑하고 이웃을 사랑하는 교회로 서게 하여 주옵소서. 오직 주 예수 그리스도만을 높이고 증거하는 교회가 되게 하옵소서. 사랑하고 섬기며 본질을 붙잡고 일어서는 교회가 되게 하여 주옵소서. 믿음의 다음 세대가 일어나는 교회가 되게 하시고, 날마다 잃어버린 영혼을 찾아 전도하고 땅끝까지 선교하는 교회로 서게 하여 주옵소서. 지역의 가난하고 어려운 자를 돌보고, 선을 베풀고 나누며, 어두운 세상을 밝게 비추는 빛이 되고, 맛없는 세상을 맛나게 하는 소금 같은 교회로 서게 하여 주옵소서.

하나님 아버지, 세우신 말씀의 사자를 통하여 교회를 향한 하나님의 메시지를 듣게 하심을 감사합니다. 예배에 참여한 모든 이들이 주신 말씀 앞에 '아멘'으로 화답하게 하시고 함께 교회를 세워나갈 것을 결단하는 복된 시간이 되게 하여 주옵소서. 예수님의 이름으로 기도합니다. 아멘.

성경봉독	인 도 자
찬　　양	찬 양 대
설　　교	노 회 장
기　　도	설 교 자
찬　　송 ……… 207~210장 중에서 ………	다 같 이
교회설립 헌금	헌금위원
목회자 소개	노회 전도부장
	(혹은 파송교회 당회장)
후원금 전달	노회 전도부 회계
	(혹은 파송교회 전도부)
축사 및 격려사	맡 은 이
인　　사	개척 목회자와 가족
광　　고	교인 대표 (혹은 광고위원)
찬　　송 ……… 502장 빛의 사자들이여 ………	다 같 이
축　　도	목　　사

예배당 기공식

기공식은 예배당을 세운다는 것을 알리는 예식이다. 영적으로 교회는 하나님만이 세우시기에 앞으로 모든 건축 과정뿐만 아니라 주의 몸 된 교회가 순조롭게 세워지도록 하나님의 도움을 구하는 예식이다.

예배당 건축공사가 시작되기 전날(주일은 피할 것) 새로 건축할 부지에 모든 교인과 이웃 교회, 시찰회, 노회 관계자들을 초청하고, 지역사회의 유지, 기관장 및 주민들을 초대한다. 현장은 다음과 같이 준비한다.

1. 강단, 음향, 좌석 및 투시도 등을 적절히 배치하며, 예배를 위해 야외용 마이크와 스피커를 준비한다.
2. 첫 삽 뜨기를 준비한다.
   - 흙이 굳은 땅이면 연한 흙으로 대체한다.
   - 네 기둥을 세우고 5색 테이프로 줄을 친다.
   - 삽의 손잡이 아래에 "○○교회 예배당 기공, ○○○○년 ○월 ○일"이라고 쓴다.
3. 테이프 커팅식을 준비한다.
   - 책상 위에 테이프를 자를 가위를 준비한다.
   - 가위 손잡이에 "○○교회 예배당 기공, ○○○○년 ○월 ○일"이라고 쓴 리본을 매어 놓는다.
   - 삽과 가위는 동일한 개수로 준비한다.
   - 테이프를 자를 때 봉사자가 흰 장갑과 가위를, 삽 뜨기를 할 때는 삽을 전달하도록 미리 교육한다.
4. 사용한 가위와 삽의 일부는 역사자료로 교회가 보존한다.

예배당 기공식 순서[37]

예식선언 .... 인 도 자

지금부터 ○○교회 예배당 기공식을 거행하겠습니다.

묵   도 .... 다 같 이

그런즉 이제 너는 삼갈지어다 여호와께서 너를 택하여 성전의 건물을 건축하게 하셨으니 힘써 행할지니라 하니라 … 너는 강하고 담대하게 이 일을 행하라 두려워하지 말며 놀라지 말라 네가 여호와의 성전 공사의 모든 일을 마치기까지 여호와 하나님 나의 하나님이 너와 함께 계시사 네게서 떠나지 아니하시고 너를 버리지 아니하시리라 (대상 28:10, 20)

기   원 .... 인 도 자

주의 몸 된 교회를 이곳에 세우시고 주의 크신 뜻을 이루기를 원하시는 하나님 아버지, 주의 교회를 향한 크신 계획과 사랑에 영광과 찬양을 드립니다. 오늘 이곳에 예배당을 건축할 대지를 구입하게 하시고, 이제 이 땅에 하나님을 예배하며 주의 백성들을 교육하고 믿음의 다음 세대를 세울 예배당을 건축하게 하시니 감사합니다. 오늘 우리가 드리는 예배를 통해 성삼위 하나님께서 영광과 찬양을 받아주시고, 이제 첫 삽을 뜨는 기공식부터 준공하여 헌당 예배를 드리는 날까지 주의 손으로 도우시고 지켜주옵소서. 교회의 머리 되시고 주인 되시는 예수님의 이름으로 기도합니다. 아멘.

신앙고백	사도신경	다 같 이
찬　　송	600장 교회의 참된 터는	다 같 이
기　　도		맡 은 이

　세세토록 영광과 찬양을 받으시기에 합당하신 하나님 아버지, 감사합니다. 이곳에 주를 마음껏 높이고 찬양하며 예배하는 예배당을 세우도록 허락하셔서 오늘 기공 예배를 드리게 하시니 감사합니다. 주의 교회가 오랫동안 기도와 물질로 준비하여 믿음으로 예배당 건축을 시작합니다. 주여, 모든 과정 가운데 함께하여 주옵소서. 건축 중에 만나는 어떤 어려움도 합력하여 선이 되도록 도와주옵소서. 이곳에 세워질 예배당이 하나님의 영광이 임재하는 예배당이 되게 하시고, 성도들이 두 손 들고 기도할 때마다 하나님의 응답을 받는 기도의 집이 되게 하시며, 잃어버린 영혼을 전도하고 땅끝까지 선교하는 교회가 되고, 믿음의 다음 세대를 세우는 성경학교로 세워지게 하여 주옵소서.

　사랑의 하나님 아버지, 교회의 모든 성도에게 주의 전을 건축할 수 있는 믿음을 주셔서 감사합니다. 건축하는 모든 과정 가운데 어려운 시험이 없게 하시고, 아무 사고도 없이 순조롭게 지어지게 하셔서, 완공하여 입당 예배를 드리는 날, 일심으로 기뻐하며 주께 영광을 돌리게 하여 주옵소서.

　하나님 아버지, 교회의 예배당을 사람의 생각이 아닌 주의 말씀대로 순종하며 건축하고자 합니다. 이 시간 말씀을 증거하시는 목사님과 함께하시고, 선포되는 말씀 속에서 교회를 향한 주의 음성을 듣게 하여 주옵소서. 오늘 이 기공 예배 순서마다 함께하시고 참여한 모든 이에게 하나님의 은혜를 덧입혀 주옵소서. 예수님의 이름으로 기도합니다. 아멘.

성경봉독	맡 은 이
찬　　양	찬 양 대
설　　교	목　　사
기　　도	설 교 자
경과보고	건축위원장

(건축 준비 상황과 향후 건축 계획, 건축 일정을 보고한다.)

설계설명	설 계 사

(투시도로 건축 규모, 양식, 특징을 간략히 설명한다.)

소　　개	당 회 장

(설계사, 시공자, 감독, 건축위원회 위원을 소개한다.)

격 려 사[38]	맡 은 이
축　　사	맡 은 이
감사 및 광고[39]	장로 대표
찬　　송 ·········· 208장 내 주의 나라와 ··········	다 같 이
축　　도	당 회 장

이제는 교회의 머리가 되시는 주 예수 그리스도의 은혜와 교회를 설립하게 하시고 예배당을 건축하게 하신 하나님의 크신 사랑과 성령님의 교통하심과 충만하심이 오늘 이 기공 예배를 드리는 주의 백성들 위에, 주의 교회 위에 이제부터 영원토록 함께 있을지어다. 아멘.

테이프 커팅	다 같 이

(담임목사가 "이제 하나님의 도우심과 온 성도들의 헌신으로
대한예수교장로회 ○○교회 예배당 건축을 시작하겠습니다"라고 하면
참석자들이 "아멘"으로 화답하고 테이프를 자른 후 삽 뜨기를 한다.)

예배당 입당식

입당식은 새로 건축한 예배당에 전 교인이 함께 모여 하나님의 도우심에 감사하며 공식적으로 첫 예배를 드리는 예식이다. 온 교회는 새 예배당에서 하나님을 마음껏 예배하고 기도하며 전도에 힘써 날마다 믿는 자가 많아져 예배당이 넘쳐나기를 기원하며 예배한다.

입당식은 건축 준공 허락을 받은 후 신축 교회당에서 하며, 주일을 피함이 옳다. 전 교인에게 미리 광고하여 모두 참여하게 하고, 특히 건축을 위해서 물심양면으로 협조한 분들을 초청하여 함께 예배하는 것이 좋다. 다음과 같은 점을 유의하여 준비한다.

1. 새 예배당 출입문 맨 앞에 당회장과 장로들이 서 있고 그 뒤에 교인들이 선다.
2. 예배당 출입문에 테이프를 쳐놓고 흰 장갑과 가위를 미리 준비해 둔다.
3. 당회장과 당회원, 건축위원들이 준비된 테이프를 함께 끊고, 당회장이 먼저 들어가면 장로들과 교인들이 따라서 들어가 의자에 앉는다.

예배당 입당식 순서

인도 : 담임목사

예식선언 ··· 인 도 자

이제 테이프를 끊음으로 주께서 세우신 ○○교회 예배당 입당식을 거행하겠습니다.

테이프 커팅[40] ··· 위　　원
입당행진 ··· 다 같 이

　　(반주에 맞추어 담임목사, 당회원, 건축위원, 찬양대, 회중 순으로
　　중앙통로로 입당하여 착석한다. 입당하는 동안 적절한 찬송을
　　부르거나 연주하면 좋다. 예: 찬송가 210장 시온성과 같은 교회)

묵　　도 ··· 다 같 이

여호와의 집 우리 여호와의 성전 곧 우리 하나님의 성전 뜰에 서 있는 너희여 여호와를 찬송하라(시 135:2~3). 오직 여호와는 그 성전에 계시니 온 땅은 그 앞에서 잠잠할지니라(합 2:20)

기　　원 ··· 인 도 자
찬　　송 ················208장 내 주의 나라와············· 다 같 이
성시교독 ················교독문 35. 시 84편················· 다 같 이

만군의 여호와여 주의 장막이 어찌 그리 사랑스러운지요
내 영혼이 여호와의 궁정을 사모하여 쇠약함이여
내 마음과 육체가 살아계시는 하나님께 부르짖나이다
나의 왕, 나의 하나님, 만군의 여호와여
주의 제단에서 참새도 제 집을 얻고 제비도 새끼 둘 보금자리를 얻었나이다
주의 집에 사는 자들은 복이 있나니 그들이 항상 주를 찬송하리이다
주께 힘을 얻고 그 마음에 시온의 대로가 있는 자는 복이 있나이다
그들이 눈물 골짜기로 지나갈 때에
그곳에 많은 샘이 있을 것이며 이른 비가 복을 채워 주나이다
주의 궁정에서의 한 날이 다른 곳에서의 천 날보다 나은즉
악인의 장막에 사는 것보다 내 하나님의 성전 문지기로 있는 것이 좋사오니
(다같이) **만군의 여호와여 주께 의지하는 자는 복이 있나이다**

기　　도 ………………………………………………………… 맡 은 이

　모든 영광과 찬양을 받으시기에 합당하신 하나님 아버지, 감사합니다. 영 죽을 죄인을 구원하여 주시고, 오늘도 높으신 창조주 하나님을 예배하는 예배자로 세워주신 은혜와 사랑에 감사합니다. 특별히 오늘은 저희 교회를 사랑해 주셔서 이렇게 아름다운 예배당을 건축하게 하시고 모든 성도가 입당하여 첫 예배를 드리게 하시니 감사합니다. 모든 영광과 찬양을 홀로 받으시옵소서.
　하나님 아버지, 이제 아름다운 새 예배당이 건축되었으니, 온 성도들이 교회를 사랑함으로 마음껏 찬양하게 하옵소서. 두 손 들고 소리 높여 기도하게 하옵소서. 영과 진리로 뜨겁게 예배하게 하옵소서. 하늘 문이 열리는 교회가 되게 하시고, 주의 성령이 비둘기처

럼 임하여 교회에 출입하는 모든 이에게 구원의 기쁨과 감격이 넘쳐나게 하여 주옵소서. 죄 가운데 길을 잃은 자에게 진리의 등대가 되게 하시고, 죄인을 구원하는 방주가 되게 하시며, 지역과 이웃에게 소금과 빛의 사명을 다하는 교회가 되게 하여 주옵소서.

이 시간 주의 말씀을 선포하실 목사님에게 갑절의 영감을 주시고, 학자의 혀를 허락하셔서 말씀을 듣는 이마다 하나님을 사랑하고 교회를 더욱 사랑할 것을 결단하게 하시고 우리 모두를 주의 은혜와 진리로 인도하여 주옵소서. 예배의 모든 순서마다 함께하실 주님을 찬양하며 예수님의 이름으로 기도합니다. 아멘.

성경봉독	다 같 이
찬　　양	찬 양 대
설　　교	목　　사
기　　도	설 교 자
건축경과 보고	건축위원장
(순서지에 포함하면 좋다.)	
축　　사	맡 은 이
특　　송	맡 은 이
광　　고	인 도 자
찬　　송 ·······207장 귀하신 주님 계신 곳·······	다 같 이
축　　도	목　　사

예배당 헌당식

　헌당식은 예배당을 완공하여 건축 준공을 마치고 건축에 관계된 채무까지 다 해결한 후에 하나님께 봉헌하는 예식이다. 건축한 예배당에서 하나님의 역사하심과 임재를 기원하며 하나님을 사랑함으로 예배하고 이웃을 사랑함으로 전도에 힘써 교회가 날마다 새로워지고 부흥하도록 헌신할 것을 결단하는 예식이다.

　헌당식은 예배당 건축이 온전히 마치는 예식이므로 몇 주 전부터 미리 광고하여 교인들이 많이 참석하도록 해야 한다. 노회원, 본 교회 장로와 교인들, 그 지방의 각 기관장과 유지들을 초청하고, 특히 본 교회 설립 공로자, 역대 교역자, 설계자와 시공자를 초청하는 것이 좋다. 다음을 미리 준비한다.

1. 교회 열쇠를 만들어 리본을 달고 함에 넣어 둔다.
2. 교회 건축에 공로가 많은 분에게 줄 공로패와 선물을 준비한다.

예배당 헌당식 순서

인도 : 담임목사

예식선언 ……………………………………………… 인 도 자

지금부터 ○○교회 예배당 헌당식을 거행하겠습니다.

묵　　도 ……………………………………………… 다 같 이

내가 주를 위하여 거하실 성전을 건축하였사오니 주께서 영원히 계실 처소로소이다(대하 6:2). 나의 하나님이여 이제 이곳에서 하는 기도에 눈을 드시고 귀를 기울이소서(대하 6:40)

기　　원 ……………………………………………… 인 도 자

자비로우신 하나님 아버지, 감사합니다. 주의 크신 뜻을 따라 주께서 세우신 ○○교회의 새 예배당을 건축하게 하시고, 이제 모든 성도가 교회의 주인 되신 하나님께 예배당을 온전히 봉헌하며 예배합니다. 오직 주께만 영광과 찬양을 드립니다. 주여, 오늘 헌당 예배에 임재하여 주옵소서. 주의 영광이 가득한 예배가 되게 하여 주옵소서. 예배를 드리는 심령마다 주께서 교회 위에 베푸신 은혜를 기억하게 하시고, 더욱 주를 사랑하고 교회를 사랑할 것을 결단하는 복된 예배가 되게 하옵소서. 예수님의 이름으로 기도합니다. 아멘.

찬　　송 ……………… 598~600장 중에서 ……………… 다 같 이

성시교독 .... 교독문 109. 헌당예배 .... 다 같 이

여호와의 집 우리 여호와의 성전 곧 우리 하나님의 성전 뜰에 서 있
는 너희여 여호와를 찬송하라
  여호와는 선하시며 그의 이름이 아름다우니 그의 이름을 찬양하라
내가 주를 위하여 거하실 성전을 건축하였사오니 주께서 영원히 계
실 처소로소이다 하고
  **우리가 그의 계신 곳으로 들어가서 그의 발등상 앞에서 엎드려 예
  배하리로다**
문들아 너희 머리를 들지어다 영원한 문들아 들릴지어다
  영광의 왕이 들어가시리로다
그러나 나의 하나님 여호와여 주의 종의 기도와 간구를 돌아보시며
  주의 종이 주 앞에서 부르짖는 것과 비는 기도를 들으시옵소서
내가 곧 그들을 나의 성산으로 인도하여
  기도하는 내 집에서 그들을 기쁘게 할 것이며
그들의 번제와 희생을 나의 제단에서 기꺼이 받게 되리니
  이는 내 집은 만민이 기도하는 집이라 일컬음이 될 것임이라
(다같이) 오직 여호와는 그 성전에 계시니 온 땅은 그 앞에서 잠잠할
  지니라 하시니라

기   도 .... 맡 은 이

하나님 아버지, 감사합니다. ○○교회의 모든 성도가 주 앞에 모여
예배당을 헌당하며 예배하오니, 모든 영광과 찬양을 받아주옵소서.
부족한 저희를 구원해 주신 것만도 감사한데, 주의 교회를 건축할 마
음을 주시고, 처음 건축을 시작할 때부터 함께하시겠다고 약속하신
주께서 모든 공사를 돌보아 주시고, 오늘 헌당 예배를 드리는 날까지

주의 은혜의 손길로 인도해 주시니 감사합니다.

　주여, 주께서 세우신 이 예배당을 통하여 영광을 받아주옵소서. 주께서 교회의 머리가 되시고 주인이 되셔서 돌보아 주시고 주의 뜻을 이뤄가게 하옵소서. 이 전이 주의 얼굴을 구하는 예배의 전당이 되게 하옵소서. 이 지역의 수많은 영혼이 이곳에서 주를 만나 구원받게 하시고, 날마다 영과 진리로 예배하는 예배자가 더해지는 큰 구원의 역사가 있게 하옵소서. 이 전이 주의 영이 역사하시는 성령의 전이 되게 하시고, 만민이 기도하는 하나님의 집이 되게 하옵소서. 이 전에서 예배를 드릴 때마다 주의 영광을 보게 하시고, 기도할 때마다 응답하여 주시고, 찬송을 드릴 때 찬양 중에 임하시는 주의 영으로 새로워지게 하옵소서.

　이 시간 주의 말씀을 선포하시는 목사님과 함께해 주옵소서. 성령과 진리로 덧입혀 주셔서 이 자리에 모인 모든 이가 꼭 들어야 할 하나님의 말씀을 듣는 은혜가 있게 하옵소서. 진행되는 순서마다 주께서 영광 받아주시고, 저희에게는 큰 기쁨의 시간이 되게 하옵소서. 예수님의 이름으로 기도합니다. 아멘.

성경봉독 ·· 맡 은 이

찬　　양 ·· 찬 양 대

설　　교 ·· 목　　사

기　　도 ·· 설 교 자

경과보고 ·· 건축위원장

열쇠증정(헌건)[41] ···························· 건축위원장이 담임목사에게

(건축위원장이 헌건할 때 건축위원은 모두 일어선다.)

헌건사 : 건축위원장
하나님의 크신 뜻을 따라 이 예배당을 봉헌하며, 모든 교우를 대표하여 이 열쇠를 하나님의 교회를 맡은 종에게 드리오니 하나님의 영광과 양 무리를 위하여 사용해 주시기를 바랍니다.

(담임목사는 열쇠를 받고 위원장과 악수한다.)

수건사 : 당회장
내가 하나님의 뜻을 따라 이 열쇠를 받았으니 오직 하나님의 영광과 양 무리를 위하여 이 예배당의 문을 열고 닫는 일에 사용할 것입니다. 이 예배당의 문을 열 때 하나님께서 영광을 받으시며, 들어가는 무리에게는 하늘의 신령한 복을 내리시고, 이 예배당 문을 닫을 때 우리를 영원한 구원으로 인도하실 것입니다.

헌당교독문 ··· 다 같 이

찬송과 지혜와 감사와 존귀와 능력과 힘을 다 우리 하나님께 세세에 돌릴지어다. 아멘. 보라 하나님의 장막이 사람들과 함께 있으매 하나님이 그들과 함께 계시리니
저희는 하나님의 백성이 되고 하나님은 친히 저희와 함께 계셔서 저희의 하나님이 되시도다
여호와여 주의 장막에 머무를 자 누구오며 주의 성산에 사는 자 누구오니이까
정직하게 행하며 공의를 실천하며 그의 마음에 진실을 말하는 자로다
여호와의 산에 오를 자가 누구며 그의 거룩한 곳에 설 자가 누구인가
손이 깨끗하며 마음이 청결하며 뜻을 허탄한 데에 두지 아니하며 거짓 맹세하지 아니하는 자로다

문들아 너희 머리를 들지어다 영원한 문들아 들릴지어다
 영광의 왕이 들어가시리로다
영광의 왕이 누구시냐
 만군의 여호와께서 곧 영광의 왕이시로다
(다같이) 이 예배당은 하나님이 허락하여 건축한 것이니, 지금부터 우리는 전능하신 하나님, 성부와 성자와 성령을 경배하고 섬기며, 믿음의 다음 세대를 세우며, 전도하고 선교하는 일에 헌신할 예배당을 교회의 주인 되신 우리 주 예수 그리스도께 엄숙히 바칠 것을 서약합니다. 아멘.

헌당기도 ··· 담임목사

  은혜와 자비가 풍성하신 하나님 아버지, 감사합니다. 부족한 저희에게 주의 크신 사랑을 베푸셔서 이렇게 아름다운 예배당을 건축하여 헌당하게 하시니, 모든 영광과 찬양과 경배를 올려드립니다. 홀로 기쁘게 받아주옵소서.

  기공 예배를 드리며 첫 삽을 뜨는 순간부터 오늘 이 헌당 예배까지 임마누엘 하나님의 도우심과 인도하심이 없었다면, 저희는 아무것도 할 수 없는 무능한 존재였음을 고백합니다. 하지만 알파와 오메가가 되신 주께서 처음부터 끝까지 함께하시고 이루어 주셔서 에벤에셀의 역사로 여기까지 온 줄로 믿습니다. 이제 이후로도 늘 함께하셔서 주의 전에서 이루어지는 모든 일이 하나님 앞에 영광이 되게 하시고, 저희에게는 기쁨과 만족이 되게 하옵소서.

  하나님 아버지, 주께서 교회의 머리가 되시고 주인이 되셔서 주의 전에서 예배를 드릴 때마다 주께서 임재하여 주옵소서. 주의 영광이 가득 차게 하여 주옵소서. 음부의 권세가 이기지 못하도록 교회를 지켜 주옵소서. 온 성도들의 눈물과 기도와 헌신을 통해 세워

진 이 예배당에서 기도할 때마다 응답하여 주시고, 주를 찬송할 때마다 기쁨과 감격이 넘치게 하시며, 강단에서 선포되는 말씀은 죽은 생명을 살리는 역사가 있게 하여 주옵소서. 주께서 다시 오시는 그날까지 수많은 영혼을 생명으로 이끄는 구원의 방주가 되게 하시고, 주의 충만한 은혜와 진리가 강물처럼 흐르는 제단이 되게 하여 주옵소서.

하나님 아버지, 이 예배당을 봉헌하는 일에 물질과 기도로 헌신한 성도들이 있습니다. 저들을 기억하여 주옵소서. 주를 향한 사랑과 충성을 보시고 하늘의 복과 땅의 복으로 더하여 주옵소서. 자손대대로 하나님의 큰 은총을 받게 하시고 하나님 나라의 기둥으로 서게 하옵소서. 오직 주께만 영광과 찬양을 돌리며 교회의 머리 되신 예수 그리스도의 이름으로 기도합니다. 아멘.

공　　포 ·· 담임목사

나는 만유의 주인이신 하나님의 종으로서 대한예수교장로회 ○○교회 성도들의 손으로 건축된 이 예배당을 하나님께 온전히 봉헌하여 하나님의 성전으로 성별된 것을 성부와 성자와 성령의 이름으로 공포합니다. 아멘.

송　　영 ·· 찬 양 대
축　　사 ·· 맡 은 이
감사패 증정 ··· 담임목사
　　　　　　(교회 건축에 공로가 많은 분에게)
광　　고 ·· 광고위원
찬　　송 ······················· 502장 빛의 사자들이여 ················ 다 같 이
축　　도 ·· 목　　사

2. 직원

임직식

(행 6:1~6, 엡 4:11~12, 딤전 3:1~13, 딛 1:5~9)

임직이란 일반적으로 직분을 맡기는 것을 뜻한다. 넓은 의미로는 예수 그리스도의 몸 된 교회의 모든 사역자를 구별하여 세우고 직임을 부여하는 것을 뜻한다. 좁은 의미로는 교회의 핵심 사역자인 목사를 포함하여 장로와 집사를 세우는 의식을 뜻한다. 교회는 말씀과 성례 사역을 위해 항존직(장로, 집사)과 임시직(전도사, 전도인, 권사, 서리집사)에 속하는 직분자를 세워서 섬기게 한다. 임직식은 단순한 서약이나 임명의 행위로 이루어지는 것이 아니라 안수라는 특별한 의식을 요구한다. 안수는 교회 사역의 바른 질서를 위하여 하나님께서 교회를 통해 친히 성령의 능력과 영적 권위를 입혀주시는 의식이다.

목사 임직(안수)식

인도 : 노회장

예 식 사 ··· 인 도 자

○○노회 회원 여러분, 본 노회는 오늘 목사로 임직받을 이들이 목사의 직임을 감당할 수 있는 자격과 자질이 있는지 확인하고 결의했습니다. 이제 본 노회는 주 예수 그리스도를 대신하여 이들에게 안수하여 목사로 세우려고 합니다. 가족들도 경건한 마음으로 예식에 참여하시기 바랍니다.

예식선언 ··· 인 도 자

지금부터 대한예수교장로회 ○○노회 목사 임직식을 거행하겠습니다.

묵   도 ··· 인 도 자

내가 달려갈 길과 주 예수께 받은 사명 곧 하나님의 은혜의 복음을 증언하는 일을 마치려 함에는 나의 생명조차 조금도 귀한 것으로 여기지 아니하노라 … 여러분은 자기를 위하여 또는 온 양 떼를 위하여 삼가라 성령이 그들 가운데 여러분을 감독자로 삼고 하나님이 자기 피로 사신 교회를 보살피게 하셨느니라(행 20:24, 28).

| 기　　원 | ……………………………………………………… 인 도 자 |

거룩하시고 존귀하신 하나님 아버지, 감사합니다. 주께서 교회를 세워주시고, 교회를 맡아 복음 사역을 위해 헌신할 목사를 세우는 임직식을 허락해 주시니 감사합니다. 이 시간 높으신 주께 영광과 찬양을 올려드리며 예배합니다. 우리 예배의 주인 되시는 주께서 이곳에 임하여 주시고 홀로 영광을 받아주옵소서. 오늘 임직을 받는 이들에게 성령의 기름 부음과 말씀의 능력을 부어주시고, 예배에 참여하는 모든 이에게는 하늘의 신령한 은혜를 부어주시어 복음 사역의 결단이 일어나게 하옵소서. 예수님의 이름으로 기도합니다. 아멘.

찬　　송	……………595장 나 맡은 본분은…………………… 다 같 이
기　　도	………………………………………………………… 맡 은 이
성경봉독	………………………………………………………… 맡 은 이
설　　교	………………………………………………………… 목　　사
기　　도	………………………………………………………… 설 교 자
안수후보자 호명	……………………………………………… 노회서기
서　　약	………………………………………………………… 노 회 장

(안수후보자들을 강단 앞에 서게 한 후, 노회장이 정중히 "예"[혹은 "아멘"]로 대답하라고 하고 아래와 같이 서약한다.)

문 여러분은 주 예수 그리스도를 개인의 구주로 영접하여 구원받은 사람이며, 영혼을 구원하고 하나님의 교회를 섬기는 종으로 주님께 부름을 받은 자임을 확신하고, 하나님을 사랑하고 헌신할 것을 서약합니까?

답 예.

문 신구약 성경은 하나님의 말씀이요, 신앙과 본분에 대하여 정확 무오한 유일의 법칙임을 믿습니까?
답 예.

문 본 장로회 신조와 웨스트민스터 신도게요 및 대소요리문답은 신구약 성경의 교훈과 도리를 총괄한 것으로 알고 성실한 마음으로 받아 믿고 따르기로 서약합니까?
답 예.

문 본 장로회 정치와 권징조례, 예배모범을 정당한 것으로 승낙합니까?
답 예.

문 주 안에서 부름받은 목회자들과 한마음으로 협력하기로 서약합니까?
답 예.

문 목사의 성직을 받음은 하나님을 사랑하고 그 독생자 예수 그리스도의 복음을 전파하여 하나님께 영광을 돌리고자 하는 마음에서 우러난 것입니까?
답 예.

문 어떠한 핍박이나 반대가 있을지라도 인내하며 충심으로 복음의 진리를 보호하고 교회의 성결과 화평을 힘써 이루기로 서약합니까?
답 예.

문 신자요 겸하여 목사가 되었으니 자기의 본분과 다른 사람에 대한 의무와 직무에 대한 책임을 성실히 실행하여 복음을 영화롭게 하며 하나님께서 명하여 맡기신 교회 앞에 경건의 본이 되기로 서약합니까?
답 예.

안 수 .... 노 회 장

(장립 받을 자들은 강단에 무릎을 꿇어 앉게 하고
노회장과 안수위원들이 둘러서서 안수한 후 노회장이 기도한다.)

　천지 만물을 창조하시고 교회를 세우셔서 구원의 역사를 이루시는 하나님 아버지, 감사합니다. 이 시간 주께서 부르시고 주의 나라와 교회를 위하여 훈련하신 주의 종들을 목사로 세우시고 기름을 부으시니 감사합니다.
　은혜로우신 하나님 아버지, 오늘 안수받는 주의 종들에게 성령과 은혜를 충만케 하옵소서. 성령의 은사와 능력을 더하여 주시고 복음을 담대히 증거하게 하옵소서. 하나님의 말씀을 전하고 성례를 거행하기에 부족함이 없도록 경건의 능력과 지혜와 명철을 주옵소서. 어떠한 역경과 시련도 이겨내게 하시고 강하고 담대한 믿음으로 오직 예수 그 이름을 의지하게 하옵소서. 주의 이름으로만 승리하는 목회를 하게 하옵소서.
　사랑의 하나님 아버지, 지금 안수받는 주의 종들이 예수님을 닮은 제자가 되게 하시고, 사도 바울과 같은 선교사가 되게 하시며, 에스라와 같은 학자가 되게 하옵소서. 주의 종들이 기도할 때마다 응답하여 주시고 성령님과 깊은 교제를 누리는 은혜를 주옵소서. 말씀을 전할 때마다 예수 그리스도의 보혈로 구원받아 변화되는 심령이 날마다 더하게 하옵소서. 사역하는 교회는 부흥케 하시고 온 성도들과 함께 때를 따라 주시는 기쁨을 누리며 존경받는 목회자로 살게 하옵소서. 어떠한 환난과 역경을 만나더라도 주께서 주신 사명을 감당할 수 있도록 용기와 인내를 주옵소서. 오늘 서약한 이 결심이 변치 않아 일평생 충성할 수 있도록 인도하여 주옵소서.
　종들의 가족들도 기억하여 주셔서 복음 사역에 적극적으로 협력하게 하시고 가정에도 평강과 은혜가 넘치게 하옵소서. 예수님의 이름으로 기도합니다. 아멘.

성의착의[42] ·· 안수받은 자

악 수 례 ·· 안수위원

(안수받은 자들이 노회장을 시작으로 안수위원들과 일일이
"주의 교회와 복음의 동역자가 되었으니 축하합니다. 주님께 충성하십시오"
라고 하며 악수례를 행한다.)

공 포 ·· 노 회 장

내가 교회의 머리 되신 주 예수 그리스도의 이름과 노회의 권위로
○○○, ○○○ 씨가 대한예수교장로회 ○○노회 목사가 된 것을
성부와 성자와 성령의 이름으로 공포합니다. 아멘.

축 사 ·· 맡 은 이

권 면 ·· 맡 은 이

(간단히 성경에 근거하여 목회자의 자세와 성역에 필요한 덕으로 권면하고
안수받은 목사들은 일어서서 권면을 받는다.)

광 고 ·· 노회서기

(안수받은 목사들이 안수식이 끝난 후 본회의에 참석하여 명찰을 받고
신입회원으로 인사할 것을 알린다.)

찬 송 ············· 320장 나의 죄를 정케 하사 ············· 다 같 이

축 도 ·· 안수받은 목사[43]

목사 위임식[44]

인도 : 노회 위임국장

예식선언 ··· 인 도 자

지금부터 대한예수교장로회 ○○교회 목사 위임식을 거행하겠습니다.

묵　　도 ··· 다 같 이

나는 선한 목자라 나는 내 양을 알고 양도 나를 아는 것이 아버지께서 나를 아시고 내가 아버지를 아는 것 같으니 나는 양을 위하여 목숨을 버리노라(요 10:14~15)

기　　원 ··· 인 도 자

우리의 선한 목자가 되시는 하나님 아버지, 감사합니다. 주께서 교회를 세워주시고, 하나님의 양 무리를 맡아 목양할 목사를 위임케 하는 예배를 드리게 하시니, 영광과 찬양을 받아주옵소서. 예배의 주인 되시는 주께서 이 시간 우리 예배 가운데 임하여 주옵소서. 오늘 위임케 되는 주의 종에게 하나님을 사랑하고 교회를 사랑하는 마음을 물붓듯이 부어주시고, 목양을 넉넉히 감당할 능력과 힘과 지혜를 위로부터 힘입게 하옵소서. 예배에 참여하는 모든 이에게는 하늘의 은혜와 진리로 새로워지는 은혜를 주옵소서. 예수님의 이름으로 기도합니다. 아멘.

찬　　　송 ……………… 210장 시온성과 같은 교회 ………………	다 같 이
기　　　도 ………………………………………………………………	맡 은 이
성경봉독 ………………………………………………………………	다 같 이
찬　　　양 ………………………………………………………………	찬 양 대
설　　　교 ………………………………………………………………	목　　사
기　　　도 ………………………………………………………………	설 교 자
위임할 목사 소개 ……………………………………………………	인 도 자
서　　　약 ………………… 목사에게, 교인에게 …………………	위임국장

목사 위임 서약

(강단에 서서 오른손을 들어 정중히 "예" 혹은 "아멘"으로 답하여 서약하게 한다. 목사의 사모가 함께 서는 것도 좋다.)

문 귀하는 청빙서를 받은 내용대로 ○○교회의 목사 직무를 담임하기로 작정합니까?

답 예.

문 이 직무를 받는 것이 하나님께 영광을 돌리며 교회를 유익하게 하고자 함임을 진심으로 작정합니까?

답 예.

문 귀하는 하나님이 도와주시는 은혜를 따라 이 교회와 교우들을 충심으로 사랑함으로 목사의 직분을 다하고 모든 일에 근신 단정하여 그리스도의 복음 사역에 부합하도록 행하며 목사로 임직하던 때에 승낙한 대로 행하기를 서약합니까?

답 예.

교인 서약

(본 교회 교인들을 기립하게 한 후 오른손을 들어
정중히 "예" 혹은 "아멘"으로 답하여 서약하게 한다.)

문 ○○교회 교우 여러분은 목사로 청빙한 ○○○ 씨를 본 교회 목사로 받겠습니까?
답 예.

문 여러분은 겸손하고 사랑하는 마음으로 그의 교훈하는 진리를 받으며 치리에 복종하기로 승낙합니까?
답 예.

문 목사가 수고할 때 위로하며, 여러분을 가르치고 인도하며 신령한 덕을 세우기 위하여 진력할 때 도와주기로 작정합니까?
답 예.

문 여러분은 ○○○ 목사가 본 교회 목사로 시무하는 동안 목회 사역에 지장이 없도록 그 허락한 생활비를 정한 대로 지급하여 주의 도에 영광이 되며 목사에게 안위가 되도록 모든 필요한 일을 도와주기로 서약합니까?
답 예.

기　　도 ……………………………………………………… 위임국장
공　　포 ……………………………………………………… 위임국장

내가 교회의 머리 되신 주 예수 그리스도의 이름과 노회의 권위로 목사 ○○○ 씨가 대한예수교장로회 ○○교회 목사로 위임됨을 공포합니다. 아멘.

위임패 증정 ·· 노 회 장
권　　면 ················ 위임목사에게 ················ 목　　사

　　권면의 내용　(1) 참신한 목회자상
　　　　　　　　(2) 목회에 주의할 일
　　　　　　　　(3) 모범적인 목회의 예

권　　면 ···················· 교인에게 ···················· 목　　사

　　권면의 내용　(1) 목회자의 위상을 지켜 존중할 것
　　　　　　　　(2) 협력하고 봉사할 것
　　　　　　　　(3) 한결같이 신앙으로 행할 것

축　　사 ·· 목　　사
답　　사 ·· 위임목사

　　답사의 내용　(1) 하나님께서 교회에 담임목사로 위임케 하심을 감사
　　　　　　　　(2) 목회 각오
　　　　　　　　(3) 위원과 모든 성도에게 인사

광　　고 ·· 광고위원
찬　　송 ············· 344장 믿음으로 가리라 ············· 다　같　이
축　　도 ·· 목　　사

강도사 인허식

인도 : 노회장

예식선언 ··· 인 도 자

지금부터 대한예수교장로회 ○○노회 강도사 인허식을 거행하겠습니다.

묵   도 ··· 다 같 이
기   원 ··· 인 도 자
찬   송 ···············351장 믿는 사람들은 주의 군사니··············· 다 같 이
기   도 ··· 맡 은 이
성경봉독 ·· 맡 은 이
설   교 ··· 목   사
기   도 ··· 설 교 자
서   약 ······················인허받는 자에게······················ 노 회 장

(인허받을 자들을 호명하여 강단 앞에 세우고 오른손을 들어 정중히 "예" 혹은 "아멘"으로 대답하게 한 후 아래와 같이 서약하게 한다.)

문 신구약 성경은 하나님의 말씀이요, 신앙과 행위에 대하여 정확무오한 유일의 법칙임을 믿습니까?
답 예.

문 본 장로회 신조와 웨스트민스터 신도게요(신앙고백) 및 대소요리문답은 신구약성경에 교훈한 도리를 총괄한 것으로 알고 성실한 마음으로 받아 믿고 따르겠습니까?
답 예.

문 교회의 화평과 성결함을 도모하기로 서약합니까?
답 예.

문 여러분은 힘써 기도하며 하나님의 말씀을 지속적으로 연구하고, 어떠한 핍박을 당할지라도 주의 복음을 전하며, 성경 말씀이 구원을 얻는 진리임을 믿고 열심히 가르치기로 서약합니까?
답 예.

문 주 안에서 본 노회 치리에 복종하고 다른 노회로 이거할 때는 그 노회의 치리에 복종하기로 서약합니까?
답 예.

기 도 ………………………………………………… 노 회 장

"추수할 것은 많되 일꾼이 적으니 그러므로 추수하는 주인에게 청하여 추수할 일꾼들을 보내 주소서 하라"(눅 10:2)고 말씀하신 주님, 감사합니다. 오늘 수많은 영혼을 추수하기 위해 헌신한 주의 종들을 신학의 주어진 학업과 총회의 합당한 고시를 통해 강도사로 인허하여 이들을 성경과 복음을 강론할 수 있는 말씀 사역자로 세우게 하시니 감사합니다.

하나님 아버지, 오늘 세워지는 말씀의 종들을 기억하여 주옵소서. 한 영혼을 귀히 여기는 하나님의 마음을 주시고, 말씀의 지혜와 권능을 더하여 주옵소서. 하나님의 말씀을 전할 때마다 예수 그리스도의 보혈과 말씀의 능력으로 구원받고 변화되는 심령이 많아지게 하옵소서. 목사로 임직되기까지 깨어 근신하며 말씀을 연구하고 하나님께 엎드려 기도하게 하옵소서. 말씀의 종으로 힘써 사역할 때 섬기는 교회마다 부흥을 일구게 하옵소서. 예수님의 이름으로 기도합니다. 아멘.

공　포 ··· 노 회 장

내가 교회의 머리 되신 주 예수 그리스도의 이름과 노회의 권위로 ○○○, ○○○ 씨가 대한예수교장로회 ○○노회 소속 강도사가 되어 하나님의 말씀을 강론하도록 허락합니다. 아멘.

증서전달 ··· 노 회 장
권　면 ······················· 인허받는 자들에게 ······················ 목　사
　(인허받은 자들을 일어서게 하고 성경과 복음을 강론하는 자가 되었으니
　앞으로 목회자가 되기 위한 신령한 준비를 성실히 할 것을 권면한다.)

찬　송 ························ 502장 빛의 사자들이여 ···················· 다 같 이
축　도 ·· 목　사

장로·집사 임직(취임)식

인도 : 당회장

예식선언 ··· 인 도 자

지금부터 ○○○ 씨가 본 교회 장로로, ○○○ 씨가 본 교회 집사로 임직하는 예식을 하나님 앞에서 거행하겠습니다.

묵   도 ··· 다 같 이
기   원 ··· 인 도 자

이 땅에 교회를 세우시고 여기까지 인도하신 하나님 아버지, 감사합니다. 이 시간 주님의 몸 된 교회의 충성된 일꾼을 세우는 임직 감사 예배를 드리게 하시니 찬양과 감사를 올립니다. 주여, 이 시간 우리 가운데 임하여 주옵소서. 우리가 주께 드리는 영광과 경배를 기쁘게 받아주옵소서.

　하나님 아버지, 주의 종들을 성실하게 여기시고 충성되게 보셔서 더욱 존귀한 그릇으로 세우실 ○○명의 시무장로와 ○○명의 안수집사에게 성령의 기름을 부어주옵소서. 은혜로 충만하게 하여 주옵소서. 하늘의 지혜와 능력을 공급받아 주님과 교회를 더욱 사랑하고, 교회를 위해 더욱 헌신·봉사·충성하는 결단이 일어나게 하여 주옵소서. 오늘 세워진 충성된 일꾼들을 통해 주의 교회가 더욱 든든히 서게 하여 주시고, 부흥의 역사를 이루게 하여 주옵소서. 이 한 시간의 예배를 통하여 하나님께는 영광이요, 우리에게는 큰 믿음의 결단이 있기를 간절히 소원하며 예수님의 이름으로 기도합니다. 아멘.

찬 송	·············· 208장 내 주의 나라와 ·············· 다 같 이
기 도	··· 맡 은 이

　거룩하시고 존귀하신 하나님 아버지, 감사합니다. 주님께서 피 값 주고 사신 ○○교회에 귀한 장로님들과 안수집사님들을 세울 수 있게 하심을 감사합니다. 귀한 종들에게 이 시간 성령의 기름을 부어주옵소서. 이제부터 온전히 세상과 구별되어 하나님의 도구로 쓰임 받도록 성령으로 새롭게 하여 주옵소서.

　하나님 아버지, 사랑하는 주의 종들이 세상의 빛과 소금이 되게 하시고, 많은 양 무리의 본이 되어 교회에 기둥 같은 충성된 일꾼들이 되게 하여 주옵소서. 그리하여 언약궤를 메고 요단강 물을 밟고 가나안 땅으로 나아간 제사장들처럼 언제나 믿음으로 앞장서 나가는 종들이 되게 하여 주옵소서. 아말렉과의 전쟁에서 지도자 모세를 붙들어 함께 기도하였던 아론과 훌처럼, 주의 종을 붙들어 세우고 함께 기도하는 선한 일꾼들이 되게 하여 주옵소서. 또한 평생에 존경과 신임을 받은 가이오 장로와 성령 충만한 스데반 집사처럼 섬기게 하여 주옵소서.

　하나님 아버지, 이 모든 일을 인간의 힘으로 감당할 수 없사오니, 성령께서 함께하셔서 감당할 힘과 능력과 지혜와 권능을 더하여 주옵소서. 주의 종들이 임직을 받은 후에 교회가 더욱더 부흥하게 하시고 교회 안에 평화가 임하며 세상에서는 칭송을 받게 하옵소서. 또한 섬기는 가정과 일터 위에 하늘의 한없는 복과 위로가 넘치게 하여 주옵소서. 예수님의 이름으로 기도합니다. 아멘.

성경봉독	··· 인 도 자
찬 양	··· 찬 양 대
설 교	··· 목 사
기 도	··· 설 교 자

장로 임직

찬　　송 ················· 595장 1절 나 맡은 본분은 ················· 다 같 이

이제 ○○○ 씨의 장로 임직을 하려고 합니다. 본 교회 성도들의 신앙과 양심을 따른 투표로 피택되어, ○○교회 당회와 ○○노회의 고시와 승인을 받아 본 교회는 이 시간 기쁨으로 임직식을 거행하겠습니다.

직분설명 ··· 당 회 장
　　　　　　(장로직의 근거와 성격을 간단히 설명한다.)

장로란 구약 모세 시대부터 신약 초대교회에 이르기까지 교회를 다스리는 직분으로 하나님이 직접 세우신 직분입니다(롬 12:7~8, 딤전 3:2~7, 5:17). 이는 교회의 성결과 거룩함을 보존하기 위한 직분입니다. 그러므로 영적 지도자인 목사와 협력하여 당회를 통해 교회를 치리함으로써 교회가 죄악과 세상으로 인해 부패하지 않도록 해야 할 책임이 있습니다. 또 장로는 목회자가 목양을 통해 하나님의 위대한 구원 사역을 펼칠 수 있도록 목회자와 협력하는 교회의 항존직입니다. 그러므로 모든 양 무리의 본이 되어야 할 책임이 있습니다.

호　　명 ··· 당 회 장
　　　　　　(호명하면 임직자는 "예"라고 대답하며 일어서게 한다.)

서　　약 ················· 장로와 교우들에게 ················· 당 회 장
　　　　　　(일어서서 오른손을 들고 "예"[혹은 "아멘"]라고
　　　　　　정중하게 대답하여 서약하게 한다.)

임직받는 장로에게

문 신구약 성경은 하나님의 말씀이요, 신앙과 행위에 대하여 정확무오한 유일의 법칙임을 믿고 따르기로 서약합니까?
답 예.

문 본 장로회 신조와 웨스트민스터 신도게요 및 대소요리문답은 신구약 성경이 교훈한 도리를 총괄한 것으로 알고 성실한 마음으로 받아 믿고 따르겠습니까?
답 예.

문 본 장로회 정치와 권징조례와 예배모범을 정당한 것으로 알고 따르기로 승낙합니까?
답 예.

문 본 교회의 장로 직분을 받고 하나님의 은혜를 의지하여 진실한 마음으로 하나님을 사랑하며 몸 된 교회에 충성하고 모든 일에 성도들의 본이 되어 교역자와 마음을 같이하여 교회 부흥에 힘쓰기로 서약합니까?
답 예.

문 본 교회의 화평과 일치와 성결함을 위해 힘써 노력하기로 서약합니까?
답 예.

교우들에게

(본 교회 교인들이 일어서서 오른손을 들고 "예"[혹은 "아멘"]라고
대답하여 서약하게 한다.)

문 ○○교회 교우들이여, ○○○, ○○○ 씨를 본 교회의 장로로 받고,
성경과 교회 정치가 가르친 바를 좇아서 주 안에서 존경하며 위로
하고 복종하기로 서약합니까?
답 예.

안수기도[45] ·· 당 회 장

(안수위원[46]은 당회장과 노회 목사 회원으로 하고,
안수받는 장로는 강단에 등단하여 무릎을 꿇고 앉는다.
그 뒤로 안수위원들이 둘러서서 임직자 머리 위에 손을 얹고 기도한다.)

주의 몸 된 교회를 세우시고 지금도 교회를 주관하시는 하나님 아버지, 오늘 ○○○, ○○○ 씨를 장로로 임직하며 머리에 손을 얹고 축복하며 기도합니다. 주여, 종들의 머리 위에 얹은 안수위원들의 손을 통해 성령께서 함께하여 주옵소서. 주께서 피로 값 주고 사신 교회의 기둥 같은 장로가 되어 그 직분을 능히 감당할 수 있도록 성령의 능력과 은사를 부어주옵소서.
    하나님 아버지, 장로의 직분은 교회를 치리하고 성결하게 하는 중직으로, 인간의 힘과 경험으로는 감당하기 어려운 줄로 압니다. 세우신 종들에게 신령한 은혜를 더하사 갑절의 영감을 주옵소서. 무릎 꿇고 눈물로 기도하며 교회를 섬길 때 비전과 지혜를 주시고 우리 주님의 섬김을 본받아 모든 양 무리의 본이 되게 하옵소서. 무엇보다 주의 종, 목회자의 마음을 시원케 하는 동역자가 되게 하시

고, 목회자를 돕고 협력하여 교회가 날로 부흥케 하옵소서.

　사랑의 하나님 아버지, 날마다 주와 동행하게 하시고 성도들과의 관계가 주의 사랑으로 이루어져 모든 이에게 존경받는 장로가 되게 하옵소서. 건강도 주시고 가정과 생업에 평안과 형통함을 주옵소서. 남은 생애 변함없이 충성하여 주 앞에 서는 날, 잘했다 칭찬받고 영광의 면류관을 받게 하옵소서. 예수님의 이름으로 기도합니다. 아멘.

성의착의 ………………………………………………………… 안수받은 장로

악 수 례 ………………………………………………………… 안수위원
(안수받은 자가 당회장부터 시작하여 오른편으로 돌아가며 차례로 안수위원들과 악수례를 하게 하고 위원들이 "축하합니다. 충성하십시오"라고 치하하면 하단하여 본 자리에 서게 한다.)

공　포 …………………………………………………………… 당 회 장

　○○○, ○○○ 씨는 대한예수교장로회 ○○교회 치리장로가 된 것을 성부와 성자와 성령의 이름으로 공포합니다. 아멘.

집사 임직

찬　　송 ·················· 595장 1절 나 맡은 본분은 ·················· 다 같 이

이제 ○○○ 씨의 집사 임직을 하려고 합니다. 본 교회 성도들의 신앙과 양심을 따른 투표로 피선되어, 집사로서 온전한 훈련을 받았기에 본 교회는 기쁨으로 임직식을 거행하겠습니다.

직분설명 ··· 당 회 장
　　　　　　(집사직의 근거와 성격을 간단히 설명한다.)

집사는 초대교회에서 예수님의 제자인 사도들이 직접 세운 직분입니다. 사도들은 말씀과 기도에 집중할 수 있도록 본래 자신들이 하던 재정과 구제의 사역을 성령과 지혜가 충만한 사람을 택하여 집사들에게 위임하였습니다. 그러나 초대교회의 집사는 재정출납과 구제의 사역뿐만 아니라 전도의 사역도 열심히 했습니다. 집사는 이 세상에 섬기러 오신 예수님의 직분을 감당하는 교회의 봉사자입니다.

　그러므로 집사가 맡은 바 직분을 잘 감당할 때, 교회는 세상의 빛과 소금의 사명을 다하게 되고 날로 부흥하게 되는 줄 압니다. 따라서 집사는 모든 교우의 모범이 되어야 하며 무엇보다도 진실한 인격과 믿음, 충성심이 있어야 합니다.

호　　명 ··· 당 회 장
　　　　　　(호명하면 임직자는 "예"라고 대답하며 일어서게 한다.)

서   약 .... 당 회 장

(일어서서 오른손을 들고 정중하게 "예"[혹은 "아멘"]라고 대답하며 서약하게 한다.)

임직받는 집사에게

문 신구약 성경은 하나님의 말씀이요, 신앙과 행위에 대하여 정확무오한 유일의 법칙임을 믿고 따르기로 서약합니까?
답 예.

문 본 장로회 신조와 웨스트민스터 신도게요 및 대소요리문답은 신구약 성경이 교훈한 도리를 총괄한 것으로 알고 성실한 마음으로 받아 믿고 따르겠습니까?
답 예.

문 본 장로회 정치와 권징조례와 예배모범을 정당한 것으로 알고 따르기로 승낙합니까?
답 예.

문 본 교회의 안수집사 직분을 받고 하나님의 은혜를 의지하여 진실한 마음으로 하나님을 사랑하며 몸 된 교회에 충성하고, 모든 일에 성도들의 본이 되어 교역자와 마음을 같이하여 교회 부흥에 힘쓰기로 서약합니까?
답 예.

문 본 교회의 화평과 일치와 성결함을 위하여 힘써 노력하기로 서약합니까?
답 예.

교우들에게

(본 교회 교인들이 일어서서 오른손을 들고 "예"[혹은 "아멘"]라고 대답하여 서약하게 한다.)

문 ○○교회 교우들이여, ○○○, ○○○ 씨를 본 교회의 안수집사로 받고, 성경과 교회 정치에 가르친 바를 좇아서 주 안에서 존경하며 위로하고 순종하며 협력하기로 서약합니까?

답 예.

안수기도[47] .... 당 회 장

(등단하여 무릎을 꿇게 한다.)

주의 몸 된 교회를 세우시고 지금도 교회를 주관하시는 하나님 아버지, 오늘 ○○○, ○○○ 씨를 주께서 피로 값 주고 사신 교회의 집사로 세우고자 머리에 손을 얹고 축복하며 기도하게 하시니 감사합니다. 주여, 주께서 귀하게 쓰시려고 택하셨으니 직분을 넉넉히 감당할 믿음과 능력을 더하여 주옵소서. 천사가 흠모할 직분을 주셨지만 인간의 힘과 경험으로는 감당할 수 없사오니, 주께서 늘 함께하시고 주를 의지할 때마다 도우시는 은혜가 그치지 않게 하옵소서.

사랑의 하나님 아버지, 집사의 직분은 교회가 말씀과 기도로 왕성하도록 교회의 재정과 구제의 사역을 감당하는 직분인 줄 압니다. 이 시간 이들에게 교회를 사랑하는 마음을 부어 주시고 성령과 지혜가 충만하게 하옵소서. 집사직은 봉사직이오니 사랑을 베풀며 나누는 삶을 살 수 있는 섬김의 마음을 주시고, 섬기기에 필요한 물질도 허락하여 주옵소서. 항상 주의 일에 앞장서되 자신을 드러내는 것이 아니라 주님만을 드러내는 신실하고 겸손한 종이 되어, 초대교회의 스데반 집사처럼 모든 교우에게 칭찬과 존경을 받으며 주와 교회를 위해 충성하게 하시고, 빌립 집사와 같이 복음을 전하는 전도자가 되게 하옵소서. 그리하여 이들로 말미암아 교회가 날로 부흥하게 하옵소서.

원하옵기는 주의 권능의 손으로 붙드사 믿음뿐만 아니라 건강도 주시고 가정의 평안과 사업의 번영도 주셔서 범사가 형통케 하옵소서. 남은 생애 변함없이 충성하여 주님 앞에 서는 날, 잘했다 칭찬받고 영광의 면류관을 받게 하옵소서. 예수님의 이름으로 기도합니다. 아멘.

악 수 례 ··· 안수위원
공 포 ··· 당 회 장

○○○, ○○○ 씨는 대한예수교장로회 ○○교회 집사가 된 것을 성부와 성자와 성령의 이름으로 공포합니다. 아멘.

권 면 ··· 목 사

  (1) 장로에게 (일어서서)
  (2) 집사에게 (일어서서)
  (3) 교우에게 (일어서서)

축 사 ··· 맡 은 이
기념품 증정 ··· 교인 대표, 임직자 대표
            교회가 임직자들에게, 임직자들이 교회에

답   사 ··· 임직자 대표

감사합니다. 오늘은 평생에 잊을 수 없는 감격스럽고 영광스러운 날입니다. 이 감격과 감사를 무슨 말로 표현할 수 있겠습니까? 나 같은 죄인을 하나님께서 귀히 보셔서 천사도 흠모하는 직분을 주셨으니 오늘부터 나의 믿음, 정성, 물질, 재능 그리고 나의 생명까지도 온전히 바쳐서 주님과 교회 앞에 충성스럽게 살아갈 것을 굳게 다짐합니다.

설교와 권면을 통해서 주신 말씀을 마음판에 아로새겨 오래오래 잊지 않고 실천함으로 한 알의 밀알이 되어, 나는 죽고 교회가 부흥하도록 살아가겠습니다. 약해졌을 때나 넘어졌을 때 기도와 채찍을 부탁드립니다. 감사합니다.

광   고 ··· 광고위원
찬   송 ········· 320장 나의 죄를 정케 하사 ········· 다 같 이
축   도 ··· 목   사

권사 취임식

인도 : 당회장

예식선언 ··· 인 도 자

지금부터 ○○○, ○○○ 씨가 본 교회 권사로 취임하는 예식을 하나님 앞에서 거행하겠습니다.

묵　　도 ··· 인 도 자
기　　원 ··· 인 도 자

은혜로우시고 거룩하신 하나님 아버지, 감사합니다. 오늘 하나님의 기쁘신 뜻을 따라 신실한 여종들을 더욱 귀한 그릇으로 사용하시려고 교회의 권사로 취임하게 하심을 찬양합니다. 이 예식을 통하여 성삼위 하나님이 영광을 받으시고, 취임하는 여종들은 성령과 사랑과 지혜로 충만하게 하옵시며, 온 교회는 기쁨이 충만하여 은혜가 넘치게 하옵소서. 예수님의 이름으로 기원합니다. 아멘.

찬　　송 ··············· 320장 나의 죄를 정케 하사 ··············· 다 같 이
기　　도 ··· 맡 은 이
성경봉독 ··· 인 도 자
찬　　양 ··· 찬 양 대
설　　교 ··· 목　　사
기　　도 ··· 설 교 자
서　　약 ··· 당 회 장

(호명하면 일어서서 오른손을 들고
"예"[혹은 "아멘"]로 대답하여 서약하게 한다.)

취임하는 권사에게

문 신구약 성경은 하나님의 말씀이요, 신앙과 행위에 대하여 정확무오한 유일의 법칙임을 믿습니까?
답 예.

문 본 장로회 신조와 웨스트민스터 신도게요 및 대소요리문답은 신구약 성경이 교훈한 도리를 총괄한 것으로 알고 성실한 마음으로 받아 믿고 따르겠습니까?
답 예.

문 본 장로회 정치와 권징조례와 예배모범을 정당한 것으로 승낙합니까?
답 예.

문 본 교회 권사의 직분을 받고 하나님의 은혜를 의지하여 진실한 마음으로 본직에 관한 범사를 행하기로 서약합니까?
답 예.

문 본 교회의 화평과 성결함을 위하여 힘써 노력하기로 서약합니까?
답 예.

교우들에게

(일어서서 오른손을 들고 "예"[혹은 "아멘"]로 대답하여 서약하게 한다.)

문 ○○교회 교우들이여, ○○○, ○○○ 씨를 본 교회의 권사로 받고 성경과 교회 정치가 가르친 바를 좇아서 주 안에서 존경하며 위로와 권면을 받기로 서약합니까?
답 예.

취임기도 ··· 당 회 장

   만복의 근원이 되시는 하나님 아버지, 오늘 하나님의 기쁘신 뜻을 따라 신실한 여종들을 더욱 귀한 그릇으로 사용하시려고 시무권사로 취임하게 하심을 감사합니다. 그동안 눈물과 피와 땀으로 교회를 섬기고, 기도와 사랑을 나눈 여종들입니다. 이 시간 귀한 직분을 받습니다. 오늘 이후로 더욱더 교회를 위해 충성하고 봉사하게 하여 주옵소서. 한결같이 주님을 사랑하게 하시고, 성도들을 부지런히 살펴서 이들의 발걸음이 미치는 곳마다 실망한 자가 소망을 얻고, 병든 자가 고침을 받고, 가난한 자들이 힘을 얻게 하시며, 특별히 주님을 알지 못하는 자들에게 복음을 전하게 하여 주옵소서.

   하나님 아버지, 오늘 세워지는 권사님들이 수넴 여인처럼 헌신하는 여종이요, 빌립보 성의 루디아처럼 목회자를 도와 교회를 든든히 세우는 여종이 되어, 하나님의 마음을 시원케 하는 자가 되게 하옵소서. 그래서 장차 권사님들이 이 세상을 떠날 때 수많은 이들이 눈물을 흘리며 믿음으로 살았다고, 참되고 충성스럽게 살았다고 칭찬하고 부러워하는 모든 권사님이 되게 하여 주옵소서. 예수님의 이름으로 기도합니다. 아멘.

공 포 ··· 당 회 장

   ○○○, ○○○ 씨는 대한예수교장로회 ○○교회 권사가 된 것을 성부와 성자와 성령의 이름으로 공포합니다. 아멘.

권　면 ………………………………………………………	목　사

　　　(1) 권사에게 (일어서서)
　　　(2) 교우에게 (일어서서)

축　사 ………………………………………………………	맡 은 이
광　고 ………………………………………………………	광고위원
찬　송 …………………330장 어둔 밤 쉬 되리니………………	다 같 이
축　도 ………………………………………………………	목　사

서리집사 임명식

인도 : 당회장

예식선언 ·· 인 도 자
묵　　도 ·· 인 도 자

그 주인이 이르되 잘하였도다 착하고 충성된 종아 네가 적은 일에 충성하였으매 내가 많은 것을 네게 맡기리니 네 주인의 즐거움에 참여할지어다(마 25:21)

기　　원 ·· 인 도 자

거룩하신 하나님 아버지, 감사합니다. 만세 전에 예정하신 뜻을 따라 주의 자녀 중에 구별하여 충성되게 여기시는 교회의 귀한 일꾼을 서리집사로 임명하는 예배를 주 앞에 드리게 하시니 감사합니다. 오늘 예배의 주인 되신 주여, 홀로 영광을 받아주옵소서. 세우시는 일꾼들에게 성령과 지혜를 충만하게 부어주시어 교회를 위해 더욱 헌신할 것을 결단하게 하시고, 종들을 세우는 우리 교회는 이들을 통해 큰 힘을 얻고 부흥의 문이 열리게 하옵소서. 예수님의 이름으로 기도합니다. 아멘.

찬　　송 ············· 320장 나의 죄를 정케 하사 ············· 다 같 이

기 도 ·· 맡 은 이

독생자를 보내시기까지 우리를 사랑하시는 하나님 아버지, 감사합니다. 오늘 주께서 세우신 교회를 축복하사 올 한 해 동안 교회를 위해 헌신 봉사할 서리집사를 임명하도록 인도하심을 감사합니다.

　하나님 아버지, 오늘 세우시는 일꾼들이 초대교회의 일곱 집사와 같이 사랑과 능력으로 봉사하며 구제하고 복음 사역을 충성되게 감당하게 하옵소서. 이들이 하나님을 이전보다 더욱 사랑하고 교회를 생명처럼 여기며 섬기게 하옵소서. 주의 종들을 세우는 교회 위에 복을 주셔서 세워진 일꾼들로 말미암아 교회가 크게 성장·부흥하게 하시고, 함께 동역하는 온 교우가 힘을 얻게 하옵소서. 이들의 충성된 봉사로 말미암아 주의 나라에 이를 때에는 생명의 면류관을 받아 누릴 수 있도록 주께서 친히 인도하여 주옵소서. 오늘 예배가 먼저 하나님께 영광이 되게 하시고 임직을 받는 종들에게는 은혜와 사랑이 넘치게 하여 주옵소서. 예수님의 이름으로 기도합니다. 아멘.

서 약 ·· 당 회 장
　　　(새롭게 임명된 서리집사들을 일어서게 한 후 오른손을 들고
　　　"예"[혹은 "아멘"]로 대답해 서약하게 한다.)

문 신구약 성경은 하나님의 말씀이요, 신앙과 행위에 대하여 정확무오한 유일의 법칙임을 믿습니까?
답 예.

문 본 장로회 신조와 웨스트민스터 신도게요 및 대소요리문답은 신구약 성경의 가르침을 총괄한 것으로 알고 성실한 마음으로 받아 믿고 따르겠습니까?
답 예.

문 본 장로회 정치와 권징조례와 예배모범을 정당한 것으로 승낙합니까?

답 예.

문 본 교회 서리집사 직분을 받고 향후 1년간 하나님을 의지하여 진실한 마음으로 충성하기로 서약합니까?

답 예.

문 본 교회의 화평과 성결함과 부흥을 위하여 진력하기로 맹세하십니까?

답 예.

임명기도 ·· 당 회 장

하나님 아버지, 감사합니다. 교회를 세우시고 여기까지 인도하신 주의 은혜를 찬양합니다. 이 시간 교회에 복을 주셔서 이렇게 서리집사를 세워주심을 감사합니다. 맡은 자에게 구할 것은 충성이라 하셨사오니, 주여, 세우신 일꾼들이 주와 교회를 위하여 충성하는 신실한 종들이 되게 하옵소서. 초대교회의 일곱 집사와 같이 사랑과 능력으로 봉사하게 하시고, 구제와 복음 사역에 충성하여 세우신 교회가 크게 부흥하는 데 공헌하도록 성령의 능력과 지혜를 부어주옵소서. 이들이 가는 곳마다 주의 사랑과 은혜가 넘쳐나게 하시고, 하나님의 크신 뜻이 성취되도록 성령께서 역사하셔서 교회가 새로워지고 양 무리가 크게 은혜를 받는 사역을 펼치게 하옵소서. 특히 이들의 가정 위에 복을 주시오며 경영하는 사업과 직장을 형통하게 하셔서 주의 일에 더욱 힘쓰게 하옵소서. 예수님의 이름으로 기도합니다. 아멘.

임명장수여[48] ·· 당 회 장

(이후 순서는 주일 예배 진행 방식에 따라 지혜롭게 조절할 수 있다.)

찬   송 ················· 313장 내 임금 예수 내 주여 ················· 다 같 이

축   도 ·· 목   사

교사, 찬양대원 임명식

(주일 낮 예배 순서 중)

인도 : 당회장

성경봉독 ·· 인 도 자

찬　　양 ·· 찬 양 대

설　　교 ·· 당 회 장

임 명 식 ·· 당 회 장

(임명할 대상자를 일어서게 한 후 대표에게 임명장을 수여한다.)

NO.

교 사 임 명 장

성 명
생년월일

위의 사람은 신앙과 성경 지식 및 인격을 구비하여
교회 학교 교사의 자격이 있으므로
○○○부 교사로 임명합니다.

년 월 일

대한예수교장로회 ○○교회
당회장   목사 인

NO.

찬양대원 임명장

성 명
생년월일

위의 사람은 신앙과 음악적 재능을 구비하여
찬양대원의 자격이 있으므로
○○○○ 찬양대원으로 임명합니다.

년 월 일

대한예수교장로회 ○○교회
당회장   목사 인

은퇴식

은퇴란 교회의 직분 혹은 직책으로 임직 또는 취임한 자가 법이 정한 연령이 되어 그 직을 퇴임하는 것이다. 은퇴는 비록 교회의 직분과 직책에서 직접적인 책임과 의무로부터 벗어나지만 그리스도의 몸인 교회를 세우는 다양한 참여에서 완전히 벗어나는 것은 아니다. 오히려 섬기던 교회의 영적 성숙과 하나님 나라의 구현을 위한 새로운 사역의 출발이다.

안수 임직의 효력은 은퇴할 때 직무상 기능적으로는 없어지지만 존재적인 의미에서는 남아 있다고 본다. 그러므로 이러한 은퇴의 의미를 살리려는 노력이 은퇴자들에게 매우 중요하다. 또 교회 성도들은 은퇴자들의 수고와 명예를 잘 보존해 주어야 한다.

한편 추대는 윗사람을 떠받든다는 의미로서, 교회의 추대식은 원로 목사와 원로 장로를 명예적으로 존경하며 떠받드는 예식이다. 원로 목사는 동일한 교회에서 20년 이상 시무한 목사가 노회에 시무 사면을 제출하려 할 때, 본 교회가 명예적 관계를 보존하고자 공동의회를 소집하고 생활비를 작정하여 원로 목사 투표에서 과반수로 결정한다. 그런 후 노회에 청원하면 노회의 결정으로 원로 목사의 명예직을 준다. 원로 장로는 동일한 교회에서 20년 이상 시무하던 장로가 시무를 사임할 때, 교회가 그의 명예를 보존하기 위하여 공동의회의 결의로 원로 장로로 추대할 수 있다. 추대식은 위원을 선정하여 원로 목사는 시무하던 노회에서, 원로 장로는 시무하던 교회에서 거행한다.

원로 목사 추대식

인도 : 노회 추대위원장[49]

예 식 사 .... 인 도 자

본 교회에서 20년 이상 시무하신 ○○○ 목사님께서 대한예수교장로회총회 헌법에 따라 정년이 되어 영광스럽게 시무를 사면하게 되었습니다. 이에 본 노회에서는 목사님의 명예적 관계를 보전하고자 목사님을 원로 목사로 추대하기로 하였습니다. 이제 ○○○ 목사님의 원로 목사 추대식을 거행하겠습니다.

묵　　도 .... 다 같 이

나는 선한 싸움을 싸우고 나의 달려갈 길을 마치고 믿음을 지켰으니 이제 후로는 나를 위하여 의의 면류관이 예비되었으므로 주 곧 의로우신 재판장이 그날에 내게 주실 것이며 내게만 아니라 주의 나타나심을 사모하는 모든 자에게도니라(딤후 4:7~8)

기　　원 .... 인 도 자

이 땅에 교회를 세우시고 여기까지 인도하신 하나님 아버지, 감사합니다.

　오늘 이 시간 주님의 몸 된 교회에서 ○○년간 선한 싸움을 다 싸우고 달려갈 사명을 마친 후 퇴임하시는 ○○○ 목사님을 원로 목사로 추대하며 예배하게 하시니 감사합니다. 우리 예배의 주인 되신

주께서 임하여 주셔서 영광과 찬양을 받아주옵소서. 오늘 예배가 교회를 위해 평생 사역하시고 이제 교회의 원로 목사로 세워지는 목사님과 가족에게 하늘의 위로와 은혜가 넘치는 복된 시간이 되게 하옵소서. 예배에 참여하는 모든 이들은 목사님의 가르침과 노고를 기억하며 목사님을 더욱 존경하는 마음을 갖게 하시고, 교회를 사랑하며 주를 위해 더욱 헌신할 것을 결단하게 하옵소서. 예수님의 이름으로 기도합니다. 아멘.

찬 송 ························ 301장 지금까지 지내온 것 ························ 다 같 이
기 도 ··· 맡 은 이
성경봉독 ·· 맡 은 이
찬 양 ··· 찬 양 대
설 교 ··· 목   사
약력소개 ·· 맡 은 이
추 대 사 ·· 노회서기

○○○ 목사님은 ○○○○년 ○○월 ○○일부터 본 교회의 시무 목사로 임직하셔서 오늘에 이르기까지 ○○년을 한결같이 하나님의 뜻을 받들어 교회를 섬기며 충성을 다하셨습니다. 이제 시무를 사면하게 되셨으므로 ○○교회 교우 일동은 목사님의 지난날의 헌신에 감사하여 명예를 보전하고 생활비를 작정하여 당회와 공동의회와 노회의 결의로 ○○○ 목사님을 원로 목사로 추대하는 바입니다. 목사님 가정 위에 하나님의 은혜가 항상 함께하기를 기원합니다.

추대기도 .... 추대위원장

사랑과 은혜가 충만하신 하나님 아버지, 평생토록 최선을 다하여 맡겨진 목양의 사명을 마치고 은퇴하시는 ○○○ 목사님의 원로 목사 추대식으로 예배하게 하시니 감사합니다. 하나님 아버지, 주께서 세우신 ○○○ 목사님은 당신의 신실한 종으로 일생을 바쳐 목양 일념의 정신으로 교회를 섬기셨습니다. 온 성도들을 사랑하여 눈물과 기도로 목양하며 말씀을 가르치시고 주께서 피로 값 주고 사신 교회를 이끄셨습니다. 때로 애매한 고난과 어려운 시험 가운데서도 오직 주를 위해 참고 인내하며 교회를 이끄신 목사님께서 이제 시무를 마치려 합니다.

하나님 아버지, 지금까지도 목사님과 함께하셨듯이 은퇴 후에도 변함없이 동행하여 주옵소서. 이후에도 주의 종이 후진들과 주님의 몸 된 교회를 위하여 기도하게 하시고, 후임 목사님이 교회를 더욱 성장과 부흥의 길로 이끌게 하시며, 이것이 목사님의 큰 기쁨과 자랑이 되게 하옵소서. 이제 남은 인생을 주께 맡깁니다. 항상 영육 간에 건강하게 하시고 평안하고 보람된 삶을 살게 하옵소서.

원하옵기는 평생 목사님을 내조하신 사모님과 가족들을 위로하시고 평안의 복을 주옵소서. 후손들이 아름다운 믿음의 가문을 이어가게 하옵소서. 예수님의 이름으로 기도합니다. 아멘.

| 공   포 | ·· 추대위원장 |

나는 ○○○ 목사가 대한예수교장로회 ○○교회 원로 목사로 추대
된 것을 성부와 성자와 성령의 이름으로 공포합니다. 아멘.

축 사	·· 맡 은 이 [50]
추대패 증정	··· 노 회 장
기념품 증정	··· 교인대표
특 송	·· 맡 은 이
답 사	·· 추대받은 원로목사
광 고	··· 광고위원
찬 송	················ 384장 나의 갈 길 다 가도록 ················ 다 같 이
축 도	·· 목 사

원로 장로 추대식

인도 : 당회장

예 식 사 ……………………………………………… 인 도 자

본 교회에서 20년 이상을 시무한 ○○○ 장로가 헌법이 정한 연령에 따라 시무를 사임하게 되어 당회와 공동의회의 결의로 ○○○ 장로의 원로 장로 추대식을 거행하겠습니다.

묵　　도 ……………………………………………… 인 도 자
기　　원 ……………………………………………… 인 도 자
찬　　송 ………………… 301장 지금까지 지내온 것 ………………… 다 같 이
기　　도 ……………………………………………… 맡 은 이
성경봉독 ……………………………………………… 맡 은 이
설　　교 ……………………………………………… 목　　사
약력소개 ……………………………………………… 맡 은 이
추 대 사 ……………………………………………… 당회서기

○○○ 장로님은 ○○○○년에 본 교회의 치리 장로로 임직하셔서 오늘에 이르기까지 ○○년을 한결같이 하나님의 뜻을 받들어 교회를 섬기며 충성을 다하였습니다. 이제 시무를 사임하게 되었으므로 ○○교회 교우 일동은 장로님의 지난날 헌신에 감사하여 명예를 보전하고 당회와 공동의회의 결의를 통하여 ○○○ 장로님을 원로 장로로 추대하는 바입니다. 장로님 가정에 하나님의 은혜가 항상 함께하기를 기원합니다.

추대기도 ·· 당 회 장

자비로우신 하나님 아버지, ○○○ 장로님을 오늘 은퇴하기까지 주님의 은혜로 그 사명을 잘 감당하게 하심을 감사합니다. 교회를 위한 장로님의 섬김과 수고와 봉사로 아름다운 열매를 많이 맺게 하신 것을 감사합니다. 하나님 아버지, 장로님에게 영육 간에 건강을 주옵소서. 교회를 위하여 계속해서 기도하게 하시고, 노년에 복에 복을 더하사 평안하고 은혜로운 삶을 살게 하옵소서. 자손들에게 복을 주시어 믿음의 가문을 이어가게 하옵소서. 예수님의 이름으로 기도합니다. 아멘.

공　포 ·· 당 회 장

나는 ○○○ 장로가 대한예수교장로회 ○○교회 원로 장로로 추대된 것을 성부와 성자와 성령의 이름으로 공포합니다. 아멘.

축　사 ·· 목　사
추대패 증정 ·· 당 회 장
기념품 증정 ·· 교인대표
특　송 ·· 맡 은 이
답　사 ·· 추대받은 원로장로
광　고 ·· 광고위원
찬　송 ·················· 384장 나의 갈 길 다 가도록 ·············· 다 같 이
축　도 ·· 목　사

은 퇴 식

(목사, 장로, 집사, 권사)

인도 : 당회장

예 식 사 ·· 인 도 자

지금부터 주 예수 그리스도의 이름으로 이 교회 ○○○ 목사(장로, 집사, 권사)의 은퇴식을 거행하겠습니다.

묵 도	··	다 같 이
기 원	··	인 도 자
찬 송	············ 301장 지금까지 지내온 것 ············	다 같 이
기 도	··	맡 은 이
성경봉독	··	맡 은 이
찬 양	··	찬 양 대
설 교	··	목 사
약력소개	··	맡 은 이
공 포	··	당 회 장

나는 교회의 머리 되신 주 예수 그리스도의 이름으로 ○○○가 대한예수교장로회 ○○교회의 은퇴 목사(장로, 집사, 권사)가 된 것을 공포합니다. 아멘.

축　　사 ………………………………………………	맡 은 이
기념품 증정 …………………………………………	당 회 장
특　　송 ………………………………………………	맡 은 이
답　　사 ………………………………………………	은 퇴 자
광　　고 ………………………………………………	인 도 자
찬　　송 ……………… 384장 나의 갈 길 다 가도록 ………………	다 같 이
축　　도 ………………………………………………	목　　사

선교사 파송식

파송 예배

인도 : 노회/지회 선교위원회 임원 중
혹은 담임목사

묵 도	다 같 이
찬 송 ………… 502~510장 중에서 …………	다 같 이
기 도	맡 은 이
성경봉독	맡 은 이
설 교	GMS 임원
찬 송 ………… 502~510장 중에서 …………	다 같 이

파 송 식

사회 : GMS 담당자

서 약 ………………………………………… GMS 담당자

선교사에게

1. 귀하는 선교사의 직무가 예수 그리스도의 지상명령을 수행하는 거룩한 임무임을 믿고, 모든 일에 근신하며 복음을 힘써 전파하고 복음에 합당하게 행하여 맡은 바 본분에 생명을 다하기까지 충성하기로 하나님과 교회 앞에 서약합니까?

2. 귀하는 총회세계선교회 선교사로서 개혁주의 신앙을 지키며 총회의 헌법과 본회의 운영규칙을 준수하기로 서약합니까?

3. 귀하는 본부의 훈령과 지부의 규칙 및 선교 정책을 기쁘게 따르며 지부의 동역자들과 협력하여 선교에 진력할 것을 서약합니까?

파송교회 성도들에게

대한예수교장로회 ○○노회 소속 ○○교회 성도 여러분은 ○○○, ○○○ 선교사가 본회 ○○지부 소속 선교사로 재직하는 동안 지부의 선교사들과 화합하며 선교에 전념할 수 있도록 기도와 정한 선교비를 정기적으로 후원하기로 서약합니까?

파송안수기도 ………………………………………… 담임목사

공　　　포 ……………………………………………………… ＧＭＳ측

나는 대한예수교장로회총회 세계선교회를 대표하여 ○○○, ○○○ 선교사가 ○○노회 소속 ○○교회의 후원으로 본회 ○○지부 소속 선교사로 파송된 것을 성부와 성자와 성령의 이름으로 공포합니다. 아멘.

파송장 수여 ……………………………………………………… ＧＭＳ측
파송패 및 이사위촉장 증정 …………………………………… ＧＭＳ측
파송사 및 선교사 소개 ………………………………………… 담임목사
격　려　사 ………………………………………………………… 맡은이
축　　　사 ………………………………………………………… 맡은이
답　　　사 ……………………………………………………… 파송선교사

축하순서

인　　　도 …………………………………………… 파송교회 담임목사
꽃다발 증정 ………………………………………… 파송 선교사에게
축　　　가 ………………………………………………………… 맡은이
광　　　고 ……………………………………………………… 선교위원장
찬　　　송 ………………… 323장 부름받아 나선 이 몸 ……… 다 같 이
축　　　도 ………………………………………………………… 노회장

제 3 장

혼례와 장례

1. 혼인(결혼) 예식

혼인(결혼) 예식의 의미

결혼은 인간을 창조하신 하나님께서 정하신 제도이다. 하나님께서는 사람을 지으실 때 혼자 사는 것을 선하지 않게 보셨고, 그를 위해 돕는 배필을 지으사 그들로 서로 연합하여 가정을 이루게 하셨다. 그런 후 그들에게 복을 주시고 사명을 주셨다.

결혼은 하나님이 짝지어 주시는 것이므로 거룩하고 신성하며 절대적인 기원을 갖는다. 그뿐만 아니라 하나님은 가정을 통해 사람에게 복을 주시고, 가정을 통해 맡은 사명을 감당할 수 있게 하셨다. 초대교회에서 가정은 교회를 이루는 기초가 되기도 했으며, 모든 예배와 교제 등이 이루어지는 그리스도인의 사역 근원지가 되기도 하였다. 따라서 결혼을 집례하는 집례자는 이와 같은 사실을 분명히 깨닫고 모든 결혼 예식이 하나님이 복을 주시는 가운데 잘 이루어지도록 지도해야 한다.

결혼예식은 예수님의 직접적인 명령이나 모범에 의한 것이 아니며 구원과 상관되는 본질적 요소를 갖는 것도 아니다. 따라서 개혁교회는 로마 가톨릭과 달리 결혼 예식을 성례로 치지 않는다. 그러나 혼인 예식은 위에 언급한 바와 같이 상당히 신령한 의미와 가치를 갖는 일이기 때문에, 집례자는 혼인 당사자들이 결혼의 의미와 목적을 충분히 숙지하고 신앙적인 결혼생활을 영위해 갈 수 있도록 예식 전에 결혼 예비교육을 실시함이 좋으며, 기도와 말씀으로 예식을 준비하도록 지도해야 한다. 참고로 본 교단은 예배모범에서 혼례에 대하여 다음과 같이 가르치고 있다.

예배모범 제12장 혼례식

1. 혼례는 성례도 아니요, 그리스도 교회에만 있는 것도 아니나 하나님이 세우신 신성한 예법이다.
2. 성도들은 마땅히 주 안에서 결혼할 것이니 혼례에 특별한 훈계와 적당한 기도로 행하기 위하여 목사나 그 밖의 교역자로 주례(主禮)하게 함이 옳다.
3. 혼인은 다만 1남 1녀로 하고 성경에 금한 혈족과 친족 범위 안에서는 못 한다.
4. 남녀가 각각 상당한 나이에 도달하여야 할지니 부모나 후견자의 동의를 얻고 목사 앞에 증명한 후에야 목사가 주례한다.
5. 부모는 그 자녀의 혼인을 강제로 하지 말며, 또한 저희의 혼인을 상당한 이유 없이 금하지 말라.
6. 혼인은 공동한 성질을 가진 것이다. 국민 사회의 복리와 가족상 행복과 종교상 명예에 깊은 관계가 있다. 그러므로 그 혼인 예식 거행할 일을 여러 날 전에 작정하고 널리 공포한다. 목사들이 이 일에 깊이 주의하여 하나님의 법을 범함과 국가의 법률에 저촉함이 없도록 하며 가정의 화평과 안위를 손상하지 않기 위하여 이 혼인에 반대되는 것이 없다 하는 쌍방의 증명을 요한다.
7. 혼인은 충분한 증인 앞에서 행할 것이며 목사는 요구에 따라 혼인 증서를 준다.
8. 목사는 혼인한 자의 이름과 날짜를 혼인 명부에 상세히 기록하여 후일 요구하는 자의 열람이 편리하도록 한다.
9. 부부간 일방이 별세한 후에 재혼하려면 별세한 후 6개월이 지나야 한다.

약 혼

약혼이란 앞으로 혼인하겠다는 약속을 공개하는 예식이다. 그러므로 약혼식이 반드시 필요한 것은 아니지만 약혼식을 하였으면 혼인할 때까지 당사자들과 양가가 마음과 행동이 하나가 되어 좋은 결혼이 되도록 준비하는 기간으로 삼아야 한다. 특히 그리스도인으로서 사회에 모범이 되는 결혼식을 준비하도록 양가가 협력하여야 한다.

가급적 약혼예식은 생략하고 양가의 상견례로 대체함이 좋으나, 불가피하게 약혼예식을 거행할 필요가 있는 경우 목사의 집례하에 양가의 가까운 친족들만 참석하여 거행하도록 한다. 약혼식에서의 호칭은 ○○○ 군, ○○○ 양, 혹은 예비신랑 ○○○ 군, 예비신부 ○○○ 양으로 함이 옳으며 신랑 신부로 호칭하지 않도록 주의한다.

약혼예식

주례 : ○○○

예식선언 ··· 주 례 자

이제 ○○○ 군과 ○○○ 양의 약혼예식을 시작하겠습니다. 이 예식은 두 사람이 적당한 날짜에 앞으로 결혼할 것을 하나님과 여기 모인 가족들 앞에서 약속하기 위함입니다. 그러므로 오늘 약혼하는 두 사람은 결혼하는 날까지 하나님 앞에서 깨끗한 교제를 나누며 서로에 대한 사랑과 이해를 날마다 키워가기를 바랍니다.

기   원 ··· 주 례 자

은혜와 사랑이 무한하신 하나님 아버지, 감사와 영광을 돌립니다. 오늘 이 시간 하나님과 양가 부모님들, 친척과 친지들 앞에서 ○○○ 군과 ○○○ 양이 하나님의 섭리와 뜻 안에 약혼예식을 하려고 합니다. 이 아름다운 약속에 복을 내려주옵소서. 예수님의 이름으로 기도합니다. 아멘.

찬   송 ·················· 299장 하나님 사랑은 ·················· 다 같 이

1. 하나님 사랑은 온전한 참사랑 내 맘에 부어주시사 충만케 하소서
2. 내 주님 참사랑 햇빛과 같으니 그 사랑 내게 비추사 뜨겁게 하소서
3. 그 사랑 앞에는 풍파도 그치며 어두운 밤도 환하니 그 힘이 크도다
4. 하나님 사랑은 온전한 참사랑 내 맘과 영에 채우사 새 힘을 주소서
   아멘

기   도 ……………………………………………………… 맡 은 이

하나님 아버지, 하나님의 오묘하신 섭리 가운데 두 사람을 만나게 하시고 서로를 향한 사랑의 마음을 품도록 인도하심에 감사를 드립니다. 이제 두 사람이 서로를 일생의 배우자로 삼겠다는 결단하에 일정한 기간을 준비하는 시간으로 보내려고 합니다. 오늘의 약혼을 통해 두 사람의 사랑이 더욱 풍성해지기를 소망합니다. 약혼 기간 동안 상대방과 양가에 대한 이해가 깊어지게 하시고, 결혼을 위한 준비가 잘 이루어지게 하시며, 남편과 아내 됨에 대하여 잘 준비하는 시간이 되게 하여 주옵소서. 예수님의 이름으로 기도합니다. 아멘.

성경봉독[51] ………………………… 창 2:18 ………………………… 주 례 자

여호와 하나님이 이르시되 사람이 혼자 사는 것이 좋지 아니하니 내가 그를 위하여 돕는 배필을 지으리라 하시니라

설   교 ……………………………………………………… 주 례 자

- 남녀가 사랑하여 결혼하고 함께 살아가면서 자녀를 출산하고 하나님 나라에 기여하는 것이 하나님의 창조원리이다.
- 자기중심적 독신생활이나 결혼 관계를 벗어난 성적 만족을 추구하는 것은 하나님께서 기뻐하시는 삶의 방식이라고 할 수 없다.
- 우리는 결혼 관계 안에서 자기만족을 위한 사랑이 아니라 상대방에 대한 헌신의 사랑을 통하여 인격이 성숙한다.
- 자녀를 출산하고 양육하는 과정을 통해 생명의 신비와 하나님의 사랑을 배울 수 있다.

- 결혼은 하나님이 보시기에 더 좋은 길이다. 그러나 하나님의 목적을 깨닫지 못한 결혼, 준비되지 않은 결혼은 서로를 힘들고 아프게 할 수 있다.
- 약혼 이후에 결혼에 대한 하나님의 의도를 배워가면서 행복한 결혼이 되도록 서로에 대한 인격적 준비와 결혼 예식의 준비를 잘해 나가기를 바란다.

서 약 ·· 주 례 자

(부모와 약혼 남녀에게 오른손을 들고 대답하게 한다.)

양가의 부모에게

문 양가의 부모님께서는 ○○○ 군과 ○○○ 양이 결혼하기로 약속한 일을 허락하십니까?
답 예.

약혼인들에게

문 ○○○ 군과 ○○○ 양이여, 두 사람이 서로 결혼할 것과 결혼할 때까지 신실한 그리스도인으로서 서로에 대한 순결과 예의를 지키며 교제할 것을 약속합니까?
답 예.

성약기도 ·· 주 례 자

은혜로우시며 약속을 지키시기를 기뻐하시는 하나님 아버지, 오늘 ○○○ 군과 ○○○ 양이 하나님과 여러 증인 앞에서 약혼할 수 있게 하심을 감사합니다. 앞으로 혼인할 때까지 이들의 약속이 변함없게 하시고 혼인예식 때까지 몸과 마음과 인격과 지식이 잘 준비되게 하여 주옵소서. 예수님의 이름으로 기도합니다. 아멘.

공　　포 ·· 주 례 자

　　이제 ○○○ 군과 ○○○ 양의 약혼이 성립되었음을 내가 성부와 성
　　자와 성령의 이름으로 공포합니다. 아멘.

예물교환 ·· 약혼 당사자
　　　　　　　　　　　(예물은 간소하게 한다.)

찬　　송 ····················383장 눈을 들어 산을 보니··············· 다 같 이

　　1. 눈을 들어 산을 보니 도움 어디서 오나
　　　 천지 지은 주 하나님 나를 도와주시네
　　　 나의 발이 실족 않게 주가 깨어 지키며
　　　 택한 백성 항상 지켜 길이 보호하시네
　　2. 도우시는 하나님이 네게 그늘 되시니
　　　 낮의 해와 밤의 달이 너를 상치 않겠네
　　　 네게 화를 주지 않고 혼을 보호하시며
　　　 너의 출입 지금부터 영영 인도하시리 아멘

축　　도 ·· 주 례 자
인　　사 ·· 약혼 당사자 및 양가 부모

혼인(결혼)

그리스도인의 혼인 예식(창 2:22~25, 엡 5:22~33)은 신랑과 신부가 하나님의 뜻대로 연합하여 하나가 되는 영적 의미가 가장 크다. 그러므로 상당 기간 기도와 말씀으로 준비한 후, 가급적 모든 가족과 성도들의 축복 가운데 예배당에서 행함이 옳다. 지나치게 화려하여 허례허식이 되거나 세속적·주술적·비신앙적 요소가 개입되어서는 안 된다.

혼인예식의 가장 중요한 요소는 혼인을 위한 서약과 선언이다. 신랑과 신부는 서로 연합하되 영원히 나뉘지 않기로 서약해야 하며, 동시에 하나님의 창조질서에 순복하고, 양가의 부모님께 효도하고, 이웃에게 덕을 세우고, 주님이 오시는 날까지 신앙생활을 열심히 하고, 교회를 잘 섬기며, 하나님 나라와 복음의 확장을 위해 힘쓰기로 선언해야 한다. 결혼식을 준비할 때 다음과 같은 점에 유의한다.

1. 목사는 일부일처제에 따른 결혼인지, 불신자와의 결혼은 아닌지 확인한다. 목사는 성경법과 사회법에 어긋나는 혼인주례를 할 수 없으며, 불신자의 혼인도 주례할 수 없다(제81회 총회 결의). 단 원입 교인이 교회에 등록하여 교회에 출석하고 있으면 주례가 가능하다(제16회 총회 결의). 특히 믿기로 하고 결혼하는 경우는 우선 교회에 등록하여 출석하도록 하고 상당 기간 신앙교육을 한 뒤에 주례하는 것이 좋다.
2. 부모는 자녀를 강제로 혼인시키거나 그들의 결혼을 상당한 이유 없이 금지하지 말아야 한다. 그러나 민법상 부모의 동의 없이 혼인이 가능하다고 하더라도 성경상 부모의 허락 없이 혼인해서는 안 된다.
3. 결혼 당사자는 결혼식 전에 목회적 차원에서 목사에게 결혼 예비상담을 반드시 받아야 한다. 결혼에 대한 신앙지도, 결혼 예식을 준비하는 자세, 결혼 예식 순서에 대한 설명과 이해 등을 상담한다. 목사

와 상담하기 전 전문 결혼 예비상담 기관의 도움을 받으면 더욱 좋다.
4. 결혼 예식 일자는 주일과 고난주간은 피하되 신부의 건강을 참조하여 결정하고, 장소는 교회 예배당이 가장 좋다. 주례자는 예식이 시작되면 본 예식이 단순한 의식이 아니라 하나님 앞에 드리는 예배임을 먼저 강조한다.
5. 특히 당회는 결혼 예배에 관한 명확한 지침을 가지고 교인들의 다양한 요구에 일관된 입장을 취해야 한다. 즉 목사가 주례를 설 수 있는 범위, 예배당 사용 범위, 결혼 예식 때 사진 촬영의 범위, 화환을 위시한 장식의 범위 등이다.
6. 주례사는 성경적 가정의 의미와 비전을 선포하고 권면하되 짧고 간단히 한다.
7. 혼인한 뒤에는 교회 혼인 명부에 기록한다.

혼인(결혼) 예식

주례 : ○○○

예식선언 ··· 주 례 자
Opening Statement   Minister [52]

지금부터 신랑 ○○○ 군과 신부 ○○○ 양의 결혼 예식을 거행하겠습니다.

신랑입장 ··· 신　　랑
Processional   Groom

(신랑은 입장 후 정해진 자리에 서서 주례자에게 먼저 목례하고 돌아서서 회중에게 목례한다. 그런 후 주례자가 회중을 보는 방향의 오른편에 서서 신부를 영접하기 위해 준비한다.)

신부입장 ··· 신　　부
Processional   Bride

(신부는 왼손으로 아버지 혹은 주혼자의 오른손을 잡고 입장한다. 신부 입장이 거의 끝날 무렵 신랑이 신부를 향해 두세 걸음 나아가서 주혼자에게 정중히 인사한 후 오른손으로 신부의 왼손을 넘겨받아 가볍게 밑에서 받쳐 잡고 주례자 앞에 나란히 선 다음 손을 놓는다.)

1부 : 예식

환 영 사 ·· 주 례 자
Greetings   Minister

결혼 제도는 하나님께서 에덴동산에서 친히 세우신 것이므로 매우 신성한 것입니다. 오늘 두 사람은 하나님의 뜻에 따라 연합하여 한 몸이 되는 것인즉 하나님의 말씀에 따라 행복한 가정을 이루고, 천국에 이를 때까지 항상 함께하면서 하나님을 영화롭게 하고, 교회에 덕을 세우며, 모든 사람에게 유익을 끼치시기 바랍니다. 오늘 이 결혼 예식이 우리 모두에게 기쁨이 되고 신랑 신부에게 축복이 되는 시간이 되기를 기원합니다.

기   원 ·· 주 례 자
Prayer   Minister

사람을 지으시고 오늘 이 두 사람을 인도하사 사랑으로 이끌어 주신 하나님 아버지의 은혜와 사랑을 감사드립니다. 이제 ○○○, ○○○ 이 두 사람이 하나님 앞에서 거룩한 예배 의식을 통하여 한 가정으로 새롭게 출발하려고 하오니 주님께서 이 예배를 받아주시고, 은혜와 복을 베풀어 주옵소서. 이 자리에 함께 모여 예배하며 축하하는 모든 분의 축복 기도를 들으시고 그 모든 간구를 이 두 사람에게 허락해 주옵소서. 예수님의 이름으로 기도합니다. 아멘.

찬   송[53] ··················· 605장 오늘 모여 찬송함은 ·················· 다 같 이
Hymn   Together

  1. 오늘 모여 찬송함은 형제자매 즐거움
     거룩하신 주 뜻대로 혼인예식 합니다
     신랑 신부 이 두 사람 한 몸 되게 하시고
     온 집안이 하나 되고 한뜻 되게 하소서

2. 세상에서 사는 동안 한길 가게 하시고
　 맘과 뜻이 하나 되어 주 따르게 하소서
　 서로 믿고 존경하며 서로 돕고 사랑해
　 고와 낙을 함께하며 승리하게 하소서
3. 아버지여 우리들이 기도하고 바람은
　 저들 부부 세상에서 해로하게 하소서
　 이 두 사람 감화하사 항상 주를 섬기며
　 이 세상을 살아갈 때 행복하게 하소서 아멘

기　　도 ……………………………………………… **맡 은 이**
Prayer　　　　　　　　　　　　　　　　　　One's Charge

　살아계신 하나님 아버지, 수많은 남녀 가운데 이들을 만나게 하시고 사랑하게 하셔서 오늘 이 자리에서 부부로 맺어지도록 인도하심을 감사드립니다. 이제 하나님과 부모님과 일가친척과 하객들 앞에서 부부로 새 출발을 하는 이 가정을 위해 우리 모두가 간절한 축복의 마음을 담아 기도드리오니 응답하여 주옵소서.
　오늘의 예식 이후로 저들의 사랑이 더욱 깊어져 아름답게 동역하고 서로 세워주는 아름다운 부부가 되게 하여 주옵소서. 저들이 다윗처럼 하나님 마음에 합한 자로 인정받으며 하나님을 사랑하는 자가 되게 하시고, 모세처럼 이 땅에서 하나님이 주신 생명과 사명을 다하기까지 판단력과 건강을 잃지 않도록 복을 주옵소서. 어떠한 삶의 환경을 만나든지 요셉처럼 하나님께서 함께하셔서 형통한 자가 되게 하시고, 보아스처럼 유력한 자가 되어 연약한 자를 돕고 품는 자가 되게 하소서. 세상을 살아가는 동안 야베스처럼 저들의 지경이 점점 넓어지게 하시고, 사역(직장)에서는 다니엘처럼 인정받고 존귀하게 여김을 받으며 승승장구하게 하옵소서.

남편은 그리스도께서 교회를 돌보듯 아내를 사랑하고 보살피게
하시고, 아내는 솔로몬이 잠언에서 말하는 현숙한 여인이 되며, 교
회가 그리스도에게 하듯 남편을 섬기게 하옵소서. 허락하실 자녀들
은 사무엘과 디모데같이 능력 있는 믿음의 일꾼들로 자라나게 하
셔서 이 가정과 가문의 기쁨과 자랑이 되게 하옵소서.

특별히 양가 어른들에게 건강과 은혜를 더하셔서 사위와 며느리
와 함께 즐거운 인생이 되게 하시고, 손자녀들로 더불어 인생의 즐
거움을 만끽하게 하옵소서.

오늘 예배 가운데 목사님을 통하여 주시는 말씀이 이들의 마음
속에 잘 박힌 못과 같이 심어지게 하시고, 주시는 말씀대로 다 이
루어지는 역사를 허락하여 주옵소서. 예수님의 이름으로 기도합니
다. 아멘.

성경봉독[54] ·························엡 5:22~25, 33···························· 주 례 자
Scripture Reading   Pastor

22 아내들이여 자기 남편에게 복종하기를 주께 하듯 하라 23 이는 남
편이 아내의 머리 됨이 그리스도께서 교회의 머리 됨과 같음이니 그
가 바로 몸의 구주시니라 24 그러므로 교회가 그리스도에게 하듯 아
내들도 범사에 자기 남편에게 복종할지니라 25 남편들아 아내 사랑
하기를 그리스도께서 교회를 사랑하시고 그 교회를 위하여 자신을
주심같이 하라 … 33 그러나 너희도 각각 자기의 아내 사랑하기를 자
신같이 하고 아내도 자기 남편을 존경하라

설 교 ··· 주 례 자
Sermon   Pastor

- 결혼은 사람과 사람이 만나 행하는 일이지만 그 시작은 하나님께
  서 제정하신 신적인 일이다.

- 사람들은 결혼 상대자로 좋은 사람을 찾지만, 막연하게 좋은 사람보다는 서로에게 적합한 사람, 그것도 신앙과 인격이 서로 잘 맞는 사람을 만나는 것이 중요하다.
- 연애의 사랑은 감정으로 시작되다가 감정이 식으면 언제든 끝낼 수 있지만, 결혼은 감정에 따르지 않고 믿음의 의지를 따라 유지되어야 한다.
- 따라서 행복한 결혼을 유지하기 위해서는 끊임없는 노력과 연습과 훈련이 필요하다.
- 하나님의 말씀이라는 최고 권위를 서로가 인정하고 그 기준을 따라 자신을 연단함으로써 하나님이 기뻐하시는 뜻이 서로의 삶에서 실현되는 아름다운 가정을 꾸려 나가기를 바란다.
- 무엇보다 중요한 것은 두 사람은 서로가 돕는 배필이 되고, 신랑과 신부로서 각자에게 주어진 하나님의 명령에 순종하는 것이다. 즉 아내는 교회가 그리스도에게 하듯 범사에 자기 남편에게 복종하고, 남편은 그리스도께서 교회를 위하여 자신을 주심같이 아내를 사랑하라는 말씀에 순종해야 한다. 그럼으로써 아름다운 연합을 이루어 가기를 바란다.

혼인서약 .... 주 례 자
Vows   Bride & Groom

(서약의 방법은 다양한 형태로 실행할 수 있다.
1. 신랑 신부 각 사람이 오른손을 들고 서약한다.
2. 주례자가 성경을 내밀어 신부가 왼손을 성경 위에 얹고 그 위에 신랑이 오른손을 얹어 서약한다.
3. 두 사람이 서로 마주 보고 서약한다.
4. 신랑 신부가 주례자의 지도 아래 사전에 준비해 온 서약문을 직접 낭독한다.)

신랑에게

문 신랑 ○○○ 군이여, 신부 된 ○○○ 양을 하나님께서 짝지어 주신 그대의 아내로 맞이하겠습니까?

답 예.

문 신랑 ○○○ 군은 기쁠 때나 슬플 때나, 건강하거나 병들거나, 부유하거나 가난하게 되는 모든 경우에도 아내를 사랑하고 존중하며 도와주고 보호하여 진실한 남편으로서 마땅한 부부의 도리와 순결을 지키기로 서약합니까?

답 예.

신부에게

문 신부 ○○○ 양이여, 신랑 된 ○○○ 군을 하나님께서 짝지어 주신 그대의 남편으로 맞이하겠습니까?

답 예.

문 신부 ○○○ 양은 기쁠 때나 슬플 때나, 건강하거나 병들거나, 부유하거나 가난하게 되는 모든 경우에도 남편을 사랑하고 존중하며 도와주고 보호하여 진실한 아내로서 마땅한 부부의 도리와 순결을 지키기로 서약합니까?

답 예.

성혼축복기도 ·· 주 례 자
Prayer for Blessing   Pastor

(주례자가 내민 성경 위에 신부의 왼손을 먼저 얹게 하고 그 위에 신랑의 오른손을 얹게 한 후 기도하거나, 연단 위 성경 위에 신부의 왼손을 먼저 얹게 하고 그 위에 신랑의 오른손을 얹은 후 그 위에 주례자가 손을 얹고 축복기도를 하면 좋다.)

하나님 아버지, 여기 신랑 ○○○ 군과 ○○○ 양이 하나님과 여러 증인 앞에서 부부가 되기로 서약하였습니다. 이 서약이 이 땅에서 생명을 다하는 날까지 변함 없도록 붙잡아 주옵소서. 이들이 하나님의 말씀에 기록된 대로 영육 간에 복을 받게 하시고, 언제나 찬송하면서 살아가는 가정이 되게 하시며, 양가 부모에게 더욱 효도하게 하시고, 형제자매와 더욱 우애하게 하옵소서. 또한 교회에서 더욱 봉사하고 사회에 유익을 끼치게 하옵소서. 혹시 이들에게 부족한 것이 있으면 가나의 혼인잔치에 오셔서 친히 채워주셨던 것처럼 주님께서 채워주옵소서. 예수님의 이름으로 기도합니다. 아멘.

성혼공포 ··· 주 례 자
Declaration of Marriage   Pastor

이제는 내가 신랑 ○○○ 군과 신부 ○○○ 양이 하나님과 모든 증인 앞에서 정당한 혼인의 서약을 하였기에 서로 부부가 된 것을 성부와 성자와 성령의 이름으로 공포합니다.

그런즉 이제 둘이 아니요 한 몸이니 그러므로 하나님이 짝지어 주신 것을 사람이 나누지 못할지니라(마 19:6). 아멘.

축   도 ··· 주 례 자
Benediction   Pastor

2부 : 축하와 인사[55]

축　　가 .... 맡　은　이
A Nuptial Song   One's Charge
(축가 전에 주례자는 신랑 신부가 축가자를 향해 서게 한다.)

인　　사 .... 신랑, 신부
Bow   Bride & Groom

양가 부모에게 Bow to Parents

(신랑 신부는 양가 부모에게 인사를 올리되 신부 부모에게 먼저 인사하는 것이 통례이다. 이때 주례자는 다음과 같이 그 의미를 설명한다.)

낳아주시고, 길러주시고, 믿음 안에서 자라게 하심을 감사드립니다. 부모님의 기대에 어긋나지 않는 가정을 이루도록 힘쓸 때, 많이 깨우쳐 주시고 기도와 지도를 해주시기 바랍니다. 부모님께 효도하는 부부가 되도록 힘쓰겠습니다. 이와 같은 깊은 감사와 약속의 마음을 담아 부모님께 감사 인사를 드립니다.

(신랑 신부가 혼인한 부부로서 첫인사를 드릴 때 부모도 앉은 자리에서 목례로 인사를 받도록 하고, 이후에 부모는 자리에서 일어나 신랑 신부에게 다가가 포옹하며 축복의 덕담을 건네도록 하는 것이 좋다.)

하객에게 Bow to Congratulators

(하객들에게 인사할 때 양가 부모도 함께 인사하게 함이 좋다. 이때 하객들은 박수로 답례한다.)

인 사 말[56] .... 혼주 대표
Words of Thanks   Wedding Host

행   진 .... 신랑, 신부
Recessional   Bride & Groom

(이때 주례자는 하단하여 신랑에게 성경을 선물로 전달하면서 "이 책은 하나님의 말씀이고, 평생 두 사람이 힘을 합해 이 말씀대로 살면서 하나님께 복 받는 가정을 이루기를 바랍니다"라고 짧게 권면한다. 그런 후 신부의 팔을 신랑에게 끼워준다.)

이제 한 손에는 성경을 들고, 다른 한 손으로는 서로의 손을 붙잡고 신랑 신부가 새 가정으로 출발하기 위해 행진을 합니다. 하객 여러분은 일어서서 이들의 행진을 축복해 주시기 바랍니다.

폐식선언 .... 주 례 자
Closing Address   Pastor

이것으로 모든 혼인 예식을 마치도록 하겠습니다. 함께해주신 내빈 여러분께 감사드립니다.

2. 장례 예식

장례 예식의 의미

장례 예식의 모든 절차는 죽은 자의 영혼을 천국에 들여보내기 위한 것이 아니라 죽은 자의 가족을 위로하기 위한 것으로, 문상객들에게 복음을 전할 좋은 기회이다. 그러므로 집례자는 죽은 자의 영혼을 위해 기도하는 일이 없어야 하고, 다만 복음을 전하기에 힘써야 한다. 성도의 장례 예식이라면 그를 구원해 주신 하나님의 은혜를 감사하고 천국과 부활의 소망을 다시 확인하도록 할 것이며, 예수님을 믿지 않고 죽은 자의 장례식이라면, 가족들만큼은 불신에 빠져 지옥에 가는 일이 없도록 권면하고 위로해야 한다(눅 16:17~18). 특히 상중에는 여러 미신적이고 주술적인 일을 행하는 경우가 많은즉 목회자는 이를 잘 지도하여 장례 예식 전체가 영적으로 혼잡해지는 일이 없도록 해야 한다.

장례 예식의 규례와 의미

전통적인 장례 예식에서는 입관(入棺)식, 발인(發靷)식, 하관(下棺)식을 중심으로 장례 절차가 진행되어왔다. 그러나 최근 인구의 폭발적인 증가와 장지(葬地)의 부족은 장례문화에 급격한 변화를 가져왔다. 이에 따라 본 예식서는 화장(火葬) 장례식, 납골(納骨)·유골안치(遺骨安置) 장례식, 자연장(수목장, 樹木葬) 장례식을 도입하고, 목회 실천적인 면에서 임종(臨終) 예배, 시신(屍身) 기증식, 장례의 모든 절차를 마치고 드리는 위로예배와 이장(移葬)식 등도 포함하였다.

예배모범 제13장 장례식

1. 장례 때 마땅히 행할 예식은 적당한 시나 찬송을 부르고 합당한 성경을 낭독하고 목사가 생각한 대로 합당한 설명을 하고, 특별히 비참한 일을 당한 자로 하나님의 은혜를 받게 하며, 저희의 슬픔이 변하여 영원한 유익이 되게 하고 저희가 보호하심을 받아 비참한 가운데서 위로함을 받게 기도한다.
2. 이 장례식은 주례 목사의 의견대로 하는 것이 많으나 그 주요한 뜻을 잃지 말지니 경계함과 훈계함과 생존자 위로함을 주의하고, 하나님의 말씀을 오용(誤用)하여 신앙 없이 생활하다가 별세한 자도 복음의 소망이 있다고 하는 일이 없도록 주의하여야 한다.

헌법적 규칙 제11조 혼상례

1. 혼상 예식에 허례는 폐하고 정숙하고 간단히 행하며 비용은 절약하여야 한다.
2. 부모상에 상복은 소복(素服)을 입고 양복인 경우에 흰 상장(喪章)을 가슴이나 왼편 팔 위에 붙인다. 장례식에 상주는 베 감투(頭巾)를 쓰고 여자는 베 수건을 쓴다.
3. 복기(服期)는 부모상에는 1개년이고 부(夫)상에는 6개월간으로 한다.
4. 시신을 입관할 때 관 안에 고인(故人)의 성경과 찬송가를 넣거나 불에 태우는 일은 옳지 않고, 잘 보관하여 고인을 추념(追念)함이 정당하다.
5. 별세자의 무덤이나 관 앞에 촛불을 켜거나 향(香)을 사르거나 배례(拜禮)하는 일은 금한다.
6. 부부(夫婦)간 일방이 별세한 후에 재혼(再婚)하려면 별세한 후 6개월이 지나야 한다.

임 종

죽음은 사람의 육체에서 영혼이 분리되어 떠나가는 것으로, 일반적으로 호흡과 심장 박동이 정지되는 현상으로 확인할 수 있다. 보통 별세(別世) 혹은 운명(殞命)이라고 말하는데, 성경적으로 믿음의 사람에게는 이 순간이 천국 입성의 순간이다.

임종(臨終)은 이 땅에서의 마지막 생명의 순간을 곁에서 지키는 것을 말하며, 따라서 임종 예배는 고인에 대한 목회자의 마지막 목양 현장이다. 목사는 임종의 순간에 죽음을 앞둔 성도가 진실한 회개와 부활 신앙과 천국 소망을 통해 죽음을 평안하게 맞도록 해야 한다.

〔 임종 준비와 예배 〕

1. 불의의 사고나 급한 변고로 인한 죽음이 아니라면 모든 가족이 함께 임종하는 것이 좋다.
2. 무엇보다 먼저 유서를 작성하거나 녹음을 해둔다. 시간적 여유가 있을 때는 공증인을 부를 수도 있다.
3. 평소에 당사자가 즐겨 부르던 찬송을 함께 부르거나 천국이나 부활에 대한 성경 구절을 계속 낭독해 주어 별세의 순간에도 믿음을 더욱 견고히 할 수 있도록 도와주는 것이 유익하다.
4. 예수를 믿지 않는다면 죽기 전에 복음을 간단히 전하고 회개의 기회를 주며 구원의 신앙을 고백하게 한다. 목회자의 신중한 판단에 따라 세례를 줄 수 있다.
5. 설교는 지나간 인생을 돌아보며 유족을 위로하는 내용으로 한다. 임종 예배는 임종 전에 드리지만 예배 중에 임종한 경우에는 상황에 맞게 진행해야 한다.

〔 장례 준비 〕

1. 적절히 시신을 수습한 후 가족들은 검소한 옷으로 갈아입고 근신하면서 교역자와 더불어 장례 절차를 의논한다(빈소, 입관일시, 화장 등 장례 방법, 장례일시, 장지, 호상[護喪][57], 부고, 집례자, 장의사, 장례 순서 등).
2. 가정에서 장례를 진행할 경우, 상중(喪中)이라고 쓰인 종이를 상가 출입문에 붙인다.
3. 지인들에게 부고를 띄우고 문상객들을 맞을 준비를 한다. 부고에는 고인의 이름, 사망일시, 장례식장, 장례식 일정 및 시간, 장지 등을 명기하되 호상 혹은 상주의 이름으로 알린다.
4. 모든 절차에 미신적이고 주술적인 일이 없도록 주의하되, 특히 시신이나 고인의 사진 앞에 상을 차리거나 혹은 분향하고 절을 하는 등의 행위는 하지 않도록 한다. 대신 헌화는 할 수 있는데, 헌화 시에는 꽃의 머리가 헌화자 쪽을 향하도록 놓는다.
5. 가족들은 행정기관에 사망신고서를 제출하고 매장 혹은 화장 허가를 받는다.

임종 예식

집례 : ○○○

예식선언 ··· 집 례 자

이 시간 하나님의 예정 가운데 이 땅에 태어나 하나님의 은총 속에 살다가 하나님의 부르심 앞에 있는 (혹은 부르심을 받은) ○○○ 성도 (직분)의 임종 예배를 거행하겠습니다.

기　　원 ··· 집 례 자

생명의 주관자이신 하나님 아버지, 이 시간 사랑하는 ○○○ 성도(직분)가 가족들과 함께 이 땅에서의 마지막 예배를 올려드리려고 합니다. 우리의 예배를 받아주시고, ○○○ 성도(직분)가 이 세상에서 사는 동안 지은 모든 허물과 죄를 주 예수 그리스도 십자가의 은혜로 사해 주시고, 그의 영혼을 품어 주옵소서. 우리의 영원한 생명 되시는 예수 그리스도의 이름으로 기도합니다. 아멘.

성시낭독 ······················· 시편 23편 ······························· 집 례 자

여호와는 나의 목자시니
내게 부족함이 없으리로다
그가 나를 푸른 풀밭에 누이시며
쉴 만한 물가로 인도하시는도다
내 영혼을 소생시키시고
자기 이름을 위하여 의의 길로 인도하시는도다

내가 사망의 음침한 골짜기로 다닐지라도
해를 두려워하지 않을 것은
주께서 나와 함께 하심이라
주의 지팡이와 막대기가 나를 안위하시나이다
주께서 내 원수의 목전에서 내게 상을 차려주시고
기름을 내 머리에 부으셨으니 내 잔이 넘치나이다
내 평생에 선하심과 인자하심이 반드시 나를 따르리니
내가 여호와의 집에 영원히 살리로다

찬   송 ·················· 607장 내 본향 가는 길 ·················· 다 같 이

1. 내 본향 가는 길 보이도다 인생의 갈 길을 다 달리고
   땅 위의 수고를 그치라 하시니 내 앞에 남은 일 오직 저 길
2. 주 예수 예비한 저 새집은 영원히 영원히 빛나는 집
   거기서 성도들 즐거운 노래로 사랑의 구주를 길이 찬송
3. 평생에 행한 일 돌아보니 못다 한 일 많아 부끄럽네
   아버지 사랑이 날 용납하시고 생명의 면류관 주시리라 아멘

기   도 ··· 맡 은 이

생명의 주인이신 하나님 아버지, 지금 이 순간 하나님께서 허락하신 생명 안에서 일생을 살아온 하나님의 자녀 ○○○ 성도(직분)가 하나님의 부르심을 앞에 두고 이 땅에서의 마지막 예배를 하나님께 올려드립니다. 이 땅에서의 모든 만남과 삶을 뒤로하고 떠나야 하는 것은 아쉬움이지만, 이제 저 천국에서 하나님의 얼굴을 뵈올 것을 소망합니다. 예수 믿음 안에서 천국의 소망으로 가슴 벅찬 예배가 되게 하시고, 이 예배 시간에 성도님의 눈을 열어 하늘 영광을 보게 하시며, 기쁨과 설렘과 기대 가운데 천국을 맞이하도록 역사하여

주옵소서. 성도님의 마지막 떠나는 모습을 통해 남은 가족들이 천국의 확신을 가지도록 역사하시고, 믿음 안에서 주어지는 하늘의 은혜로 감격하는 시간이 되게 하여 주옵소서. 예수님의 이름으로 기도합니다. 아멘.

성경봉독[58] ················· 요 14:1~6 ················· 집 례 자

1 너희는 마음에 근심하지 말라 하나님을 믿으니 또 나를 믿으라 2 내 아버지 집에 거할 곳이 많도다 그렇지 않으면 너희에게 일렀으리라 내가 너희를 위하여 거처를 예비하러 가노니 3 가서 너희를 위하여 거처를 예비하면 내가 다시 와서 너희를 내게로 영접하여 나 있는 곳에 너희도 있게 하리라 4 내가 어디로 가는지 그 길을 너희가 아느니라 5 도마가 이르되 주여 주께서 어디로 가시는지 우리가 알지 못하거늘 그 길을 어찌 알겠사옵나이까 6 예수께서 이르시되 내가 곧 길이요 진리요 생명이니 나로 말미암지 않고는 아버지께로 올 자가 없느니라

설　　교 ··· 목　　사

- 삶의 마지막 순간에 자신의 부족함에 대한 후회와 아쉬움만 생각하지 않고 하나님의 은혜를 되새기게 한다.
- 우리의 업적이 우리의 내생을 결정하는 것이 아님을 기억하고, 길이요 진리요 생명이신 예수님의 십자가 구속 사건으로 구원받을 수 있음에 감사하게 한다.
- 예수님께서 우리를 위해 예비하신 처소가 있음을 강조하며 믿음으로 기대하게 한다.

- 예수 안에서의 삶도 복되지만 예수 안에서의 죽음은 더 복되다는 말씀으로 일생의 삶을 위로한다. "또 내가 들으니 하늘에서 음성이 나서 이르되 기록하라 지금 이후로 주 안에서 죽는 자들은 복이 있도다 하시매 성령이 이르시되 그러하다 그들이 수고를 그치고 쉬리니 이는 그들의 행한 일이 따름이라 하시더라"(계 14:13)

신앙고백 ················· 사도신경 ··················· 다 같 이
(별세 전이라면 집례자를 따라 고백하게 할 수 있다.)

임종기도 ·· 설 교 자

영원한 생명의 주인 되신 하나님 아버지, 이 시간 주님의 손에 우리 ○○○ 성도(직분)의 영혼을 받아주옵소서.[59] 가족들에게는 주님의 위로를 내려주시고 주 예수 그리스도 안에서 강하고 담대한 믿음을 갖게 하옵소서. 소망의 주 예수 그리스도의 이름으로 기도합니다. 아멘.

찬　　송 ·········479장 괴로운 인생길 가는 몸이········· 다 같 이

1. 괴로운 인생길 가는 몸이 평안히 쉴 곳이 아주 없네
   걱정과 고생이 어디는 없으리 돌아갈 내 고향 하늘나라
2. 광야에 찬바람 불더라도 앞으로 남은 길 멀지 않네
   산 넘어 눈보라 세차게 불어도 돌아갈 내 고향 하늘나라
3. 날 구원하신 주 모시옵고 영원한 영광을 누리리라
   그리던 성도들 한자리 만나리 돌아갈 내 고향 하늘나라 아멘

축　도 ……………………………………………………………… 목　사

이 세상의 구주 되시는 예수 그리스도의 은혜와 영원한 생명의 주이신 하나님의 사랑과 위로의 소망 되시는 성령님의 인도하심이 이 땅에서 생을 마감하고 천국에 들어가는 ○○○ 성도(직분)님과 그를 떠나보내는 가족들 위에 영원토록 함께 있을지어다. 아멘.

* 예배를 마친 후 성도의 죽음이 임박한 상황이라면 하고 싶은 말(유언)을 남기게 하거나 찬송을 조용하게 계속 부르는 것이 좋다.

입 관

　입관이란 시신을 관에 넣고 함봉하는 절차이다. 통상적으로 별세한 지 24시간이 지난 후에 입관하게 되는데, 입관 예배 한 시간 전에 입관을 시작하는 것이 시간적으로 적절하다. 입관을 마무리할 때는 유족의 요청에 따라 유족 대표 혹은 일부가 지켜보는 것이 필요하다.

　고인의 시신 입관을 병원이나 장례식장에서 하는 경우 목사는 입관식만 집례하면 되지만, 아주 드물게 특수한 상황에서 교역자가 염습(殮襲)[60]을 직접 해야 하는 경우도 있다. 이 경우 다음 조치에 따라 염습을 한다. 일반적으로 시신의 수시(收屍)는 사망 당일, 습(襲)은 그다음 날, 염(殮)은 3일째 하는 것이 관례이지만 오늘날은 사망 당일 수시(收屍)[61]가 끝나면 그다음 날 습(襲)을 하고, 이어서 바로 염(殮)을 하는 것이 일반적이다. 장례식장에서 진행하지 않을 경우, 아래의 순서를 참고한다.

〔씻 김〕

1. 집례자는 먼저 준비물을 확인한다.
2. 집례자는 시신 앞에서 유족들을 향하고 먼저 기도한다.
3. 교인과 유족 중에 염습위원을 세워 시신 좌우에 배치한다.
4. 시신을 덮었던 것을 벗기고 손과 발의 묶음을 제거한다.
5. 남성 시신은 남자 상주가, 여성 시신은 여자 상주가 앞가리개(백지)로 가리고 상의와 하의를 벗긴다.
6. 고인의 시신을 알코올로 깨끗이 씻고 마른 수건으로 닦은 후 머리를 빗는다.

[수의 입히기]

1. 집례자는 염습위원의 도움을 받아 수의를 입힌다. 수의의 종류는 미리 가족들과 협의한다.
2. 수의는 지방마다 다르나 통상 다음과 같은 순서로 입힌다.
   ① 기저귀, 버선, 손 싸개를 끼운다.
   ② 하의는 남자의 경우 속바지-바지-허리띠-버선-대님-행전-습신 순으로 입힌다. 여자의 경우 속옷-치마-버선-습신 순으로 입힌다.
   ③ 상의는 속저고리, 저고리, 두루마기를 미리 겹쳐서 한 번에 입히되 다리에서 머리 쪽으로 끼운다.
   ④ 마지막으로 멱목으로 얼굴을 감싸고 머리 싸개로 덮는다.

[입 관]

1. 입관은 습이 끝나면 시신 밑에 이불을 깔고 시신을 요 위에 옮겨 큰 이불로 묶는다.
2. 다시 시신을 위아래로 묶고 다른 큰 이불로 덮은 후 베로 단단히 묶는다.
3. 관은 매장용, 탈관용, 화장용 등 용도에 맞게 준비한다.
4. 관 밑에 각목을 놓고 옮기기 쉽도록 그 위에 놓는다.
5. 관에 백지를 깔고 요를 깐 후 시신을 안치한다.
6. 시신과 관 사이의 빈 공간은 솜이나 썩을 수 있는 흰 천으로 채운다. 고인의 부장품 특히 성경과 찬송가는 관 안에 넣지 않으며, 후에 태우지도 않는다(헌법적 규칙 제11조 4항 참조).
7. 입관 예배를 드릴 때 관 뚜껑은 머리 부분만 열어놓는다. 상제와 협의하여 머리 싸개를 열고 집례할 수 있다(형편에 따라 입관이 완전히 끝난 후 입관 예배를 드릴 수 있다).

8. 입관 예배를 마치면 뚜껑을 완전히 덮고 결관을 한다.
9. 구(柩) 옆에 명정(銘旌) 조기는 세우지 않고 흰 천에 붉은색 십자가 표지와 그 아래 '고(故) ○○○ ○○의 유해'라고 쓴 관보를 덮는다.

〔 빈 소 〕

1. 입관식 후 시신이 안치된 장소를 빈소로 한다.
2. 검은 리본을 두른 고인의 사진을 놓고 고인이 애독하던 성경과 찬송가를 놓을 수 있다.
3. 빈소는 촛불이나 향을 피우지 않고 헌화할 수 있도록 준비한다.
4. 상주와 상제들은 고인의 사진을 향하여 오른쪽에서 문상객을 맞는다.
5. 상제들은 빈소를 떠나지 않고 문상객에 답례한다.

〔 문상 예절 〕

1. 검정색 혹은 흰색 옷이 관례이나, 화려한 의복이나 장식을 피한 무채색 계통의 단정한 옷차림도 가능하다. 남자의 경우 검정 넥타이를 한다.
2. 문상객은 고인의 사진이나 빈소 정면을 향해 절하지 않으며 헌화하고 잠시 서서 묵념을 한다. 헌화할 때 꽃의 줄기가 고인의 사진 쪽으로 향해야 한다.
3. 유가족과의 인사는 목례로 하는 것이 좋고, 악수 혹은 절을 할 수 있다.
4. 유가족을 붙잡고 계속해서 말을 시키거나 반가운 친구나 친지의 이름을 큰 소리로 부르지 말아야 한다.
5. 조의금 봉투에 '부의'(賻儀) 또는 '근조'(謹弔)라고 쓰고 문상하는 사람의 이름을 적는다.

입관 예식

집례 : ○○○

1부 : 입관[62]

입관기도 ··· 집 례 자
(염습이 끝나면 먼저 목사가 기도한다.)

천지 만물을 창조하시고 인간의 생명을 주관하시는 하나님 아버지, 너희는 흙으로 왔으니 흙으로 돌아가라는 말씀에 따라 이제 고인을 보내야 하지만 고인의 육신을 거두는 과정을 지켜보아야 하는 슬픔을 금할 길이 없습니다. 유족들을 위로해 주시고 이 육신을 거두는 동안 (장의사의 손길과) 유족들 위에 은혜를 입혀주시며, 성령께서 역사하셔서 모든 입관 절차를 은혜롭게 마칠 수 있도록 도와주옵소서. 예수님의 이름으로 기도합니다. 아멘.

입   관 ··· 장의사 혹은 집례자
(입관 후 관 뚜껑을 일부 열어두거나 상주의 결정에 따라
관을 완전히 결관할 수 있다.)

결   관 ··· 장 의 사
(집례자는 결관 전에 직계 유족들에게 고인을 기억하는
인사를 차례로 말하게 할 수 있다.)

2부 : 입관 예배

예식선언 .... 집 례 자

지금부터 ○○월 ○○일 ○○시에 소천하신 ○○○ 성도(직분)의 입관 예식을 거행하겠습니다. (불신자의 경우 ○○○ 성도(직분)의 부친/모친으로 호칭)

기   원 .... 집 례 자

자비로우신 하나님 아버지, 이 땅의 삶을 마친 고인의 육신을 장사하기 위하여 새 옷을 입히고 관에 안치하였습니다. 슬픔에 잠긴 유가족들을 위로하여 주시고, 여기 둘러선 모두가 예수 그리스도 안에서 영생의 소망으로 위로받게 하옵소서. 진행되는 모든 장례 절차의 시종을 주께서 선히 인도해 주실 줄 믿으며 예수님의 이름으로 기도합니다. 아멘.

신앙고백 .... 사도신경 .... 다 같 이

찬   송[63] .... 235장 보아라 즐거운 우리 집 .... 다 같 이

1. 보아라 즐거운 우리 집 밝고도 거룩한 천국에
    거룩한 백성들 거기서 영원히 영광에 살겠네
    거기서 거기서 기쁘고 즐거운 집에서
    거기서 거기서 거기서 영원히 영광에 살겠네

2. 앞서간 우리의 친구들 광명한 그 집에 올라가
   거룩한 주님의 보좌 앞 찬미로 영원히 즐기네
   거기서 거기서 기쁘고 즐거운 집에서
   거기서 거기서 거기서 찬미로 영원히 즐기네
3. 우리를 구하신 주님도 거룩한 그 집에 계시니
   우리도 이 세상 떠날 때 주님과 영원히 살겠네
   거기서 거기서 기쁘고 즐거운 집에서
   거기서 거기서 거기서 주님과 영원히 살겠네
4. 우리의 일생이 끝나면 영원히 즐거운 곳에서
   거룩한 아버지 모시고 기쁘고 즐겁게 살겠네
   거기서 거기서 기쁘고 즐거운 집에서
   거기서 거기서 거기서 기쁘고 즐겁게 살겠네

기 도 .... 맡 은 이

우리의 모든 아픔을 아시고 위로하시는 하나님 아버지, 이 시간 사랑하는 자의 육신을 입관하기 위하여 모인 모든 유가족과 함께하는 믿음의 권속들에게 하나님의 위로를 허락하여 주옵소서. 이제 다시는 고(故) ○○○ 성도(직분)의 얼굴을 마주할 수 없다는 사실에 아쉬움과 슬픔을 감출 길이 없습니다. 그러나 죄인을 사랑하사 하늘의 상속자가 되게 하신 하나님의 사랑으로 인하여 죽음의 공포와 절망을 이기고 천국 소망을 품게 하옵소서. 고인이 일생 동안 새겨놓은 믿음의 발자취를 유가족들이 잘 따라가게 하시고, 천국에서 다시 만나 기뻐하며 함께 하나님을 찬양하는 그날을 기대하며 살게 하옵소서. 아직 우리 안에 고(故) ○○○ 성도(직분)를 향한 후회와 상한 마음이 남아있다면 이 시간 모두 쏟아내고 회복되게 하시고, 천국을 향하여 떠나는 고인을 기쁨으로 환송하는 우리가 되게 하옵소서. 우리의 눈물을 닦으시고 위로하시는 예수님의 이름으로 기도합니다. 아멘.

성경봉독[64] ················· 고후 5:1~5 ················· 집 례 자

1 만일 땅에 있는 우리의 장막 집이 무너지면 하나님께서 지으신 집 곧 손으로 지은 것이 아니요 하늘에 있는 영원한 집이 우리에게 있는 줄 아느니라 2 참으로 우리가 여기 있어 탄식하며 하늘로부터 오는 우리 처소로 덧입기를 간절히 사모하노라 3 이렇게 입음은 우리가 벗은 자들로 발견되지 않으려 함이라 4 참으로 이 장막에 있는 우리가 짐진 것 같이 탄식하는 것은 벗고자 함이 아니요 오히려 덧입고자 함이니 죽을 것이 생명에 삼킨 바 되게 하려 함이라 5 곧 이것을 우리에게 이루게 하시고 보증으로 성령을 우리에게 주신 이는 하나님이시니라

설   교 ··· 목   사

- 하나님의 창조원리에 의하면 육신의 죽음이 끝이 아니다.
- 성도의 죽음은 하늘의 영원한 집으로 이사하는 것이다.
- 입관된 시신은 존재의 본질이 아니라, 비유컨대 이 땅에서 입고 살던 영혼의 옷과 같다.
- 우리가 세상에서 탄식하는 인생이 된 것은 하늘의 집을 사모하기 때문이다.
- 성령을 모신 우리에게 죽음은 천국에 들어가는 과정이다.

기 　 도 ……………………………………………………… 설 교 자

찬 　 송 …………… 606장 해보다 더 밝은 저 천국 …………… 다 같 이

　 1. 해보다 더 밝은 저 천국 믿음만 가지고 가겠네
　　　믿는 자 위하여 있을 곳 우리 주 예비해 두셨네
　 2. 찬란한 주의 빛 있으니 거기는 어두움 없도다
　　　우리들 거기서 만날 때 기쁜 낯 서로가 대하리
　 3. 이 세상 작별한 성도들 하늘에 올라가 만날 때
　　　인간의 괴롬이 끝나고 이별의 눈물이 없겠네
　 4. 광명한 하늘에 계신 주 우리도 모시고 살겠네
　　　성도들 즐거운 노래로 영광을 주 앞에 돌리리
　 (후렴) 며칠 후 며칠 후 요단강 건너가 만나리
　　　　 며칠 후 며칠 후 요단강 건너가 만나리 아멘

축 　 도 ……………………………………………………… 목 　 사

발 인

그리스도인의 장례식에서는 부활 후 천국에서 다시 만날 소망이 있기에 '영원히 결별한다'라는 뜻의 영결식(永訣式)이라는 용어를 사용하지 않고 장례 예식 혹은 발인 예식 등의 용어를 사용한다. 기독교인에게 죽음은 공포와 절망의 순간이 아니라 나그네의 삶을 마감하고 본향으로 입성하는 영광스러운 개선의 순간이다. 따라서 그리스도인의 장례식은 엄숙하게 거행하되 인위적인 울음이나 곡은 삼가고 소망의 찬송을 부르며 행진한다. 모든 순서는 예수 그리스도의 죽음에 대한 승리와 부활의 소망을 증거해야 한다.

1. 장례는 일반적으로 3일장을 원칙으로 하는데, 주일이 끼어 있는 경우 계절을 고려하여 적절히 조정할 수 있다.
2. 발인장소는 교회당이 좋으나 가정이나 병원 장례식장도 무방하다. 목회자나 장로 혹은 교회의 공로자인 경우 예배당에서 장례식을 하는 것이 바람직하다.
3. 예배당의 경우는 성찬대 앞쪽에 구(柩, 사람의 시체를 넣은 상자)를 미리 운구하고 집례를 시작할 수 있지만, 교인들이 먼저 착석하고 구가 들어오면 모든 교인이 일어나고, 목사는 구를 맞이하여 구를 모실 자리까지 인도할 수 있다.
4. 운구(運柩)위원은 가급적 교인으로 하는 것이 좋다.
5. 영안실에서 발인 예배를 드릴 경우, 운구 차량까지 교인들이나 장례 찬양대원들이 줄을 지어 장례 찬송곡을 부르면 더욱 장엄한 발인식이 된다.

6. 운구 행렬은 집례자, 사진, 영구, 상제, 친족, 조문객 순으로 한다. 운구하는 동안 유족들은 인위적으로 울거나 억지로 곡하지 말 것이며, 노제 등의 이교적 행위는 엄격히 금한다.

7. 조가나 조사가 있는 경우 조가는 설교 전에, 조사는 설교 후에 하는 것이 좋다. 조사 전에 고인의 약력을 소개하거나 고인의 짧은 육성 녹음 혹은 동영상을 틀어줄 수 있으나 장엄함을 흐트러뜨리지 않도록 해야 한다.

발인 예식[65]

집례 : ○○○

예식선언 ··· 집 례 자

지금부터 고(故) ○○○ 성도(직분)의 발인식(천국 환송식)을 거행하겠습니다. 조객 여러분은 엄숙한 마음으로 이 예식에 참여하여 주시기 바랍니다.

1부 : 예식

기　　원 ··· 집 례 자

인간의 생사화복을 주장하시는 하나님 아버지, ○○○ 성도(직분)의 영혼이 하나님의 부르심을 받아 세상을 떠났기에 이제 그의 남겨진 육체를 장사하려고 합니다. 영원한 부활의 소망이 우리 모두에게 있지만 말할 수 없는 슬픔에 빠져 있는 유족들을 위로하여 주시고, 이 모든 예식이 오직 하나님의 뜻과 영광 가운데 진행되게 하여 주옵소서. 예수님의 이름으로 기도합니다. 아멘.

신앙고백 ················ 사도신경 ················ 다 같 이

찬　　송⁶⁶ ················492장 잠시 세상에 내가 살면서················ 다 같 이

1. 잠시 세상에 내가 살면서 항상 찬송 부르다가
   날이 저물어 오라 하시면 영광 중에 나아가리
2. 눈물 골짜기 더듬으면서 나의 갈 길 다 간 후에
   주의 품 안에 내가 안기어 영원토록 살리로다
3. 나의 가는 길 멀고 험하며 산은 높고 골은 깊어
   곤한 나의 몸 쉴 곳 없어도 복된 날이 밝아오리
4. 한숨 가시고 죽음 없는 날 사모하며 기다리니
   내가 그리던 주를 뵈올 때 나의 기쁨 넘치리라
(후렴) 열린 천국 문 내가 들어가 세상 짐을 내려놓고
   빛난 면류관 받아 쓰고서 주와 함께 길이 살리

기　　도 ··· 맡 은 이

모든 위로로써 애통하는 자와 슬픈 자를 능히 위로하시는 하나님 아버지, 이 시간 이 자리에 참석한 모든 유가족과 주님의 권속들이 고인의 신앙과 하나님의 은혜를 기억하며 예배하오니, 죽음과 이별의 슬픔이 하늘의 소망으로 이어지는 은혜의 시간이 되도록 함께하여 주옵소서. 오늘 선포되는 말씀으로 말미암아 인생의 모든 고난을 견디며, 환난 중에도 서로를 위로하고 위로받는 견고한 하늘의 소망을 허락하여 주옵소서. 예수님의 이름으로 기도합니다. 아멘.

성경봉독⁶⁷ ··················계 7:13~17·················· 집 례 자

¹³ 장로 중 하나가 응답하여 나에게 이르되 이 흰 옷 입은 자들이 누구며 또 어디서 왔느냐 ¹⁴ 내가 말하기를 내 주여 당신이 아시나이다 하니 그가 나에게 이르되 이는 큰 환난에서 나오는 자들인데 어린 양

의 피에 그 옷을 씻어 희게 하였느니라 15 그러므로 그들이 하나님의 보좌 앞에 있고 또 그의 성전에서 밤낮 하나님을 섬기매 보좌에 앉으신 이가 그들 위에 장막을 치시리니 16 그들이 다시는 주리지도 아니하며 목마르지도 아니하고 해나 아무 뜨거운 기운에 상하지도 아니하리니 17 이는 보좌 가운데에 계신 어린 양이 그들의 목자가 되사 생명수 샘으로 인도하시고 하나님께서 그들의 눈에서 모든 눈물을 씻어 주실 것임이라

조 가 .... 맡 은 이
(형편에 따라 시행할 수 있다.)

설 교 .... 목 사

- 이 땅에서 믿음으로 산 성도들은 죽음 이후에 하나님의 보좌 앞에 선다.
- 우리의 자격이 아니라 그리스도의 피로 인한 씻음이 하나님 앞에 설 수 있게 하는 우리의 의가 된다.
- 천국은 우리가 하나님과 영원히 함께 거하는 처소이며 우리는 그곳에서 밤낮 하나님을 섬기게 된다.
- 천국에는 굶주림, 목마름, 상함이 없다.
- 예수님이 우리의 목자가 되셔서 우리를 생명수 샘으로 인도하신다.
- 하나님께서는 우리의 눈물을 씻어 주신다.

고인 약력 소개 .... 맡 은 이

조　　사 ……………………………………………………… 맡 은 이
　　　　　(개인적인 덕을 언급할 수 있으나 감상적인 과장은 삼간다.)

인　　사 ……………………………………………………… 유족 대표

광　　고 ……………………………………………………… 집 례 자

찬　　송⁶⁶ …………493장 하늘 가는 밝은 길이……………… 다 같 이

　1. 하늘 가는 밝은 길이 내 앞에 있으니
　　 슬픈 일을 많이 보고 늘 고생하여도
　　 하늘 영광 밝음이 어둔 그늘 헤치니
　　 예수 공로 의지하여 항상 빛을 보도다
　2. 내가 염려하는 일이 세상에 많은 중
　　 속에 근심 밖에 걱정 늘 시험하여도
　　 예수 보배로운 피 모든 것을 이기니
　　 예수 공로 의지하여 항상 이기리로다
　3. 내가 천성 바라보고 가까이 왔으니
　　 아버지의 영광 집에 나 쉬고 싶도다
　　 나는 부족하여도 영접하실 터이니
　　 영광 나라 계신 임금 우리 구주 예수라

축　　도 ……………………………………………………… 목　　사

2부 : 발인

발인기도 .... 집 례 자

모든 생명의 주인이신 하나님 아버지, 우리의 생각으로는 고인과 더 오래, 더 함께하고 싶기에 고인을 떠나보내는 이 시간, 안타깝고 슬픈 마음을 감출 수 없습니다. 그러나 바라옵기는 우리의 눈을 열어 주시어 이 땅에서의 끝이 아닌 영원한 하늘나라의 소망을 바라보게 하여 주옵소서. 나누지 못한 이야기가 여전히 남아 아쉬운 그 마음 다할 수 없으나, 이제는 고통이 아닌 평안으로, 근심이 아닌 기쁨으로 천국 잔치에 참여하실 것임을 믿고 감사드리며 예수님의 이름으로 기도합니다. 아멘.

(운구 행렬은 집례자, 사진, 영구, 상제, 친족, 조문객 순으로 한다. 운구하는 동안 유족들은 인위적으로 울거나 억지로 곡하지 말 것이며, 노제 등의 이교적 행위는 엄격히 금한다.)

하 관

하관(下棺)이란 운구(運柩)하여 장지에 도착한 관(棺, 구柩)을 묘소 안에 안치하는 것을 말한다. 마을 공동체가 형성된 시골의 경우 불신자와 교인이 함께 장례를 치르는 문화에서는 유족들과 마찰이 생기지 않도록 유의한다.

1. 운구위원들은 묶은 관(구)의 띠를 정중히 풀어 그 줄로 지실(地室)[68]에 하관한다.
2. 하관을 한 다음 관(구)을 움직이지 않게 하고 십자가 표지의 명정[69] (銘旌 혹은 관보)을 덮은 후 횡대(橫帶)[70] 혹은 횡석 일부를 열어놓는다. 이때 고인의 유품은 넣지 않는다.
3. 명정(혹은 관보)에 쓰는 교회 직분명 혹은 직책명 한자를 틀리게 쓰지 않도록 장례식장 측에 미리 주문한다. (예, 勸事가 아니라 勸師)
4. 집례자는 고인의 사진을 든 사람과 함께 묘소 중심에 서고 오른쪽으로는 유족이, 왼쪽으로는 조문객이 둘러서게 한 후 하관식을 시작한다.
5. 예배 후 횡대를 마지막으로 덮는다.
6. 취토(取土)[71]는 집례자, 유가족, 조문객 순으로 한다.
7. 남은 분묘(墳墓)의 일은 산역(山役)[72]하는 이들에게 맡기되 유족들이 끝까지 지켜보는 것이 덕스럽다.

하관 예식

집례 : ○○○

예식선언 ·· 집 례 자

지금부터 고(故) ○○○ 성도(직분)의 하관식을 거행하겠습니다.

기　　원 ·· 집 례 자

믿음 안에서 죽은 자들을 부활시키는 전능하신 하나님 아버지, ○○○ 성도(직분)의 영혼은 하나님의 부르심을 받아 육체만 우리에게 남겨져 있기에 이제 땅에 안장하고자 합니다. 그러나 흙으로 돌아가는 육체라도 부활의 날에는 다시 살게 될 것을 분명히 믿습니다. 이로써 유족들의 마음을 위로하여 주시고, 부활에 대한 산 소망을 가지고 남은 세상을 믿음으로 살아가게 하옵소서. 예수님의 이름으로 기도합니다. 아멘.

신앙고백 ···························· 사도신경 ···································· 다 같 이

찬　　송[73] ···················· 494장 만세 반석 열리니 ···················· 다 같 이

1. 만세 반석 열리니 내가 들어갑니다
　　창에 허리 상하여 물과 피를 흘린 것
　　내게 효험 되어서 정결하게 하소서

제3장 혼례와 장례　**163**

2. 내가 공을 세우나 은혜 갚지 못하네
   쉼이 없이 힘쓰고 눈물 근심 많으나
   구속 못 할 죄인을 예수 홀로 속하네
3. 빈손 들고 앞에 가 십자가를 붙드네
   의가 없는 자라도 도와주심 바라고
   생명샘에 나가니 나를 씻어 주소서
4. 살아생전 숨 쉬고 죽어 세상 떠나서
   거룩하신 주 앞에 끝날 심판 당할 때
   만세 반석 열리니 내가 들어갑니다 아멘

기　　도 ··· 맡 은 이

생명의 근원이 되신 하나님 아버지, 이 세상을 먼저 떠나 본향으로 가신 고(故) ○○○ 성도(직분)의 하관 예배를 드립니다. 오늘 이 예배가 하늘나라의 예배로 이어지게 하시고, 영원과 이어지는 순간이 되게 하여 주옵소서. 고인의 영혼을 주님께서 하늘로 불러주신 줄 믿기에 이 세상에서 다시 만날 수 없는 슬픔 가운데서도 하나님 나라에서 다시 만날 그날을 소망하며 유족들이 위로받기를 소망합니다. 고인의 삶을 본받아 마음과 뜻과 힘을 다해 하나님을 섬기며, 소망과 사랑 안에서 살아가는 믿음의 권속들이 되게 하옵소서. 부활의 주 예수 그리스도의 이름으로 기도합니다. 아멘.

성경봉독[74] ·················· 고전 15:42~44 ················ 집 례 자

[42] 죽은 자의 부활도 그와 같으니 썩을 것으로 심고 썩지 아니할 것으로 다시 살아나며 [43] 욕된 것으로 심고 영광스러운 것으로 다시 살아나며 약한 것으로 심고 강한 것으로 다시 살아나며 [44] 육의 몸으로 심고 신령한 몸으로 다시 살아나나니 육의 몸이 있은즉 또 영의 몸도 있느니라

설 교 .... 목   사

- 하관은 장례 예법을 따라 시신을 담은 관을 땅에 묻는 일이지만, 고인의 영혼은 이미 천국에 계신다.
- 오늘 우리는 죽은 시신을 땅에 묻지만, 예수님이 재림하시는 날 우리는 변화된 고인의 모습을 보게 될 것이다.
- 오늘은 죽은 육신을 슬픔으로 묻지만, 언젠가 부활한 영광의 몸으로 기쁨 가운데 만나게 될 것이다.

찬 송 .... 480장 천국에서 만나보자 .... 다 같 이

1. 천국에서 만나보자 그날 아침 거기서
   순례자여 예비하라 늦어지지 않도록
2. 너의 등불 밝혀 있나 기다린다 신랑이
   천국 문에 이를 때에 그가 반겨 맞으리
3. 기다리던 성도들과 그 문에서 만날 때
   참 즐거운 우리 모임 그 얼마나 기쁘랴
   (후렴) 만나보자 만나보자 저기 뵈는 저 천국 문에서
   만나보자 만나보자 그날 아침 그 문에서 만나자

축 도 .... 목   사

매 장 사 .... 집 례 자

나는 성부와 성자와 성령의 이름으로 성도 ○○○의 육신을 땅에 매장하노라. 흙은 흙으로 돌아갈지어다. 우리는 이 매장된 육신이 하나님의 크신 권능으로 죽은 자 가운데서 살아나신 우리 주 예수 그리스도의 본을 따라 부활 생명으로 다시 살아날 것을 소망하노라.

취   토 ·· 집례자, 유족, 조문객

기   도 ·· 집 례 자

하나님 아버지, 예수님을 믿는 성도들에게 부활의 소망을 주시니 감사합니다. 오늘 여기에 안장되는 고(故) ○○○ 성도(직분)가 주님께서 친히 재림하실 때, 주 안에서 죽은 모든 성도와 같이 신령한 몸으로 생명의 부활에 동참하게 될 것을 믿고 감사드립니다.

　이제 모든 유족과 성도들이 부활의 산 소망 가운데서 참된 위로와 용기를 갖고 참된 신앙으로 항상 주의 일에 힘쓰는 자들이 되게 하여 주옵소서. 예수님의 이름으로 기도합니다. 아멘.

시신 기증 예식[75]

집례 : ○○○

예식선언 ·· 집 례 자

지금부터 고(故) ○○○ 성도(직분)의 귀한 뜻을 따라 시신 기증 예식을 거행하겠습니다.

신앙고백 ················ 사도신경 ················ 다 같 이

찬　　송 ········ 488장 이 몸의 소망 무언가 ········ 다 같 이

　1. 이 몸의 소망 무언가 우리 주 예수뿐일세
　　　우리 주 예수밖에는 믿을 이 아주 없도다
　2. 무섭게 바람 부는 밤 물결이 높이 설렐 때
　　　우리 주 크신 은혜에 소망의 닻을 주리라
　3. 세상에 믿던 모든 것 끊어질 그날 되어도
　　　구주의 언약 믿사와 내 소망 더욱 크리라
　4. 바라던 천국 올라가 하나님 앞에 뵈올 때
　　　구주의 의를 힘입어 어엿이 바로 서리라
　(후렴) 주 나의 반석이시니 그 위에 내가 서리라
　　　　　그 위에 내가 서리라

기   도 .... 맡 은 이

영원부터 영원까지 영광을 받으시기에 합당하신 능력의 하나님 아버지, 오늘 우리와 함께 믿음으로 살다가 가신 고(故) ○○○ 성도(직분)님이 마지막 남은 육신마저 이 세상에 남아 있는 사람들을 위해 기증하려고 합니다.

주님께서는 이 세상에서 수많은 병자들을 불쌍히 여기시고 고쳐 주셨습니다. 이제 사랑하는 고(故) ○○○ 성도(직분)님이 주님의 사랑을 실천하고자 자신의 몸을 병 고치는 일에 쓰도록 기증합니다.

능력의 주님, 그의 영혼을 주님의 품 안에서 쉬게 하여 주옵소서. 주님의 능력의 손으로 함께하사 병들고 아픈 사람들이 이 기증된 몸을 사용할 때 주님의 놀라운 치유의 기적이 일어나게 하여 주옵소서.

이제 목사님의 말씀을 능력 있게 하시고 그 말씀대로 고인의 고귀한 헌신의 삶을 따라 우리도 이웃을 내 몸과 같이 사랑하는 성도들 되게 하옵소서. 예수 그리스도의 이름으로 기도합니다. 아멘.

성경봉독 .... 롬 5:17~18 .... 집 례 자

17 한 사람의 범죄로 말미암아 사망이 그 한 사람을 통하여 왕 노릇 하였은즉 더욱 은혜와 의의 선물을 넘치게 받는 자들은 한 분 예수 그리스도를 통하여 생명 안에서 왕 노릇 하리로다 18 그런즉 한 범죄로 많은 사람이 정죄에 이른 것 같이 한 의로운 행위로 말미암아 많은 사람이 의롭다 하심을 받아 생명에 이르렀느니라

설 교 ·· 목 사

- 예수님의 죽음으로 많은 사람이 의와 구원과 생명에 이른 것같이 한 사람의 시신 기증으로 많은 사람이 살아날 것이다.
- 죽으면서까지 생명 나눔을 실천하는 길로 받아들여야 한다.

시신기증 ·· 유족대표

(기증서[76] 낭독)

찬 송 ···················· 480장 천국에서 만나보자 ···················· 다 같 이

1. 천국에서 만나보자 그날 아침 거기서
   순례자여 예비하라 늦어지지 않도록
2. 너의 등불 밝혀 있나 기다린다 신랑이
   천국 문에 이를 때에 그가 반겨 맞으리
3. 기다리던 성도들과 그 문에서 만날 때
   참 즐거운 우리 모임 그 얼마나 기쁘랴
(후렴) 만나보자 만나보자 저기 뵈는 저 천국 문에서
   만나보자 만나보자 그날 아침 그 문에서 만나자

축 도 ·· 목 사

화장 예식[77]

집례 : ○○○

예식선언 ··· 집 례 자

지금부터 고(故) ○○○ 성도(직분)의 화장 예식을 거행하겠습니다.

기   원 ··· 집 례 자

만물을 창조하신 전능하신 하나님 아버지, ○○○ 성도(직분)의 영혼은 하나님의 부르심을 받아서 갔고 육체만 우리에게 남겨졌습니다. 이제 티끌에서 온 육체를 티끌로 돌려보내기 위해 화장하면서 하나님께 예배합니다. 말씀으로 유족들의 마음을 위로하여 주시고, 예수 그리스도와 함께 다시 사는 부활의 산 소망을 가지게 하옵소서. 예수님의 이름으로 기도합니다. 아멘.

찬   송 ···················· 494장 만세 반석 열리니 ···················· 다 같 이

1. 만세 반석 열리니 내가 들어갑니다
   창에 허리 상하여 물과 피를 흘린 것
   내게 효험 되어서 정결하게 하소서
2. 내가 공을 세우나 은혜 갚지 못하네
   쉼이 없이 힘쓰고 눈물 근심 많으나
   구속 못 할 죄인을 예수 홀로 속하네

3. 빈손 들고 앞에 가 십자가를 붙드네
　 의가 없는 자라도 도와주심 바라고
　 생명샘에 나가니 나를 씻어 주소서
4. 살아생전 숨 쉬고 죽어 세상 떠나서
　 거룩하신 주 앞에 끝날 심판 당할 때
　 만세 반석 열리니 내가 들어갑니다 아멘

기　　도 ……………………………………………………… 맡 은 이

만물을 창조하시고 생명을 주신 자비로우신 하나님 아버지, 우리와 나그네 길을 함께했던 ○○○ 성도(직분)의 육신을 화장하여 땅으로 돌려보내기 위해 여기에 모였습니다. 비록 고인의 시신은 한 줌의 골분이 될지언정 주님 재림하시는 날에 변화된 몸으로 다시 살아날 것을 믿습니다. 남은 유족들이 이 믿음과 소망으로 큰 위로를 받게 하시고 천국에서 함께 살아갈 그날에 대한 소망이 더욱 커지게 하옵소서. 부활의 첫 열매이신 예수 그리스도의 이름으로 기도합니다. 아멘.

성경봉독 …………………… 고전 15:50~58 ……………… 집 례 자

50 형제들아 내가 이것을 말하노니 혈과 육은 하나님 나라를 이어받을 수 없고 또한 썩는 것은 썩지 아니하는 것을 유업으로 받지 못하느니라 51 보라 내가 너희에게 비밀을 말하노니 우리가 다 잠 잘 것이 아니요 마지막 나팔에 순식간에 홀연히 다 변화되리니 52 나팔 소리가 나매 죽은 자들이 썩지 아니할 것으로 다시 살아나고 우리도 변화되리라 53 이 썩을 것이 반드시 썩지 아니할 것을 입겠고 이 죽을 것이 죽지 아니함을 입으리로다 54 이 썩을 것이 썩지 아니함을 입고 이 죽을 것이 죽지 아니함을 입을 때에는 사망을 삼키고 이기리라고 기

록된 말씀이 이루어지리라 55 사망아 너의 승리가 어디 있느냐 사망아 네가 쏘는 것이 어디 있느냐 56 사망이 쏘는 것은 죄요 죄의 권능은 율법이라 57 우리 주 예수 그리스도로 말미암아 우리에게 승리를 주시는 하나님께 감사하노니 58 그러므로 내 사랑하는 형제들아 견실하며 흔들리지 말고 항상 주의 일에 더욱 힘쓰는 자들이 되라 이는 너희 수고가 주 안에서 헛되지 않은 줄 앎이라

설 교 ………………………………………………………… 목 사

- 매장 후 자연분해 되든지 불로 인해 인위적으로 분해되든지 혈과 육은 하나님 나라를 이어받을 수 없고 또한 썩는 것은 썩지 아니하는 것을 유업으로 받지 못한다.
- 예수 재림의 마지막 나팔에 부패한 육신의 모든 물질도 순식간에 홀연히 다 변화될 것이다.
- 썩을 것이 반드시 썩지 아니할 것을 입겠고 이 죽을 것이 죽지 아니함을 입게 될 것이다.
- 그러므로 우리는 견실하며 흔들리지 말고 항상 주의 일에 더욱 힘쓰는 자들이 되어야 한다.
- 우리가 이 소망을 품을 수 있는 것은 우리의 수고가 주 안에서 헛되지 않기 때문이다.

찬 송 ……………… 338장 내 주를 가까이 하게 함은 ……………… 다 같 이

1. 내 주를 가까이 하게 함은 십자가 짐 같은 고생이나
   내 일생 소원은 늘 찬송하면서 주께 더 나가기 원합니다
2. 내 고생하는 것 옛 야곱이 돌베개 베고 잠 같습니다
   꿈에도 소원이 늘 찬송하면서 주께 더 나가기 원합니다

3. 천성에 가는 길 험하여도 생명길 되나니 은혜로다
   천사 날 부르니 늘 찬송하면서 주께 더 나가기 원합니다
4. 야곱이 잠 깨어 일어난 후 돌단을 쌓은 것 본받아서
   숨질 때 되도록 늘 찬송하면서 주께 더 나가기 원합니다

축　　도 ·· 목　　사

(유골함이 나오면 상주가 받쳐 들고 장의차에 안치한다.)

(집례자는 유골함 안치 차량이 출발하기 직전 차량 앞에서
다음과 같이 기도할 수 있다.)

생명의 주인 되시는 하나님 아버지, 고인의 유골과 함께 장지까지 가는 길은 부활과 영생을 향하여 나아가는 소망의 길임을 믿고 이제 출발합니다. 안전하게 갈 수 있도록 도와주옵소서. 예수님의 이름으로 기도합니다. 아멘.

납골(納骨)·유골안치(遺骨安置) 예식

집례 : ○○○

* 유골 안치를 먼저 하고 예배를 드리거나, 안치할 곳을 준비한 후 예배 중 안치 기도 순서 후 유족 대표가 안치할 수 있다.

예식선언 ·· 집 례 자

지금부터 고(故) ○○○ 성도(직분)의 납골식을 거행하겠습니다.

신앙고백 ····························· 사도신경 ···························· 다 같 이

찬　　송 ···················· 494장 만세 반석 열리니 ···················· 다 같 이

1. 만세 반석 열리니 내가 들어갑니다
   창에 허리 상하여 물과 피를 흘린 것
   내게 효험 되어서 정결하게 하소서
2. 내가 공을 세우나 은혜 갚지 못하네
   쉼이 없이 힘쓰고 눈물 근심 많으나
   구속 못 할 죄인을 예수 홀로 속하네
3. 빈손 들고 앞에 가 십자가를 붙드네
   의가 없는 자라도 도와주심 바라고
   생명샘에 나가니 나를 씻어 주소서
4. 살아생전 숨 쉬고 죽어 세상 떠나서
   거룩하신 주 앞에 끝날 심판 당할 때
   만세 반석 열리니 내가 들어갑니다 아멘

기　　도 ……………………………………………………… 맡 은 이

인간의 생사화복을 주관하시는 하나님 아버지, 고(故) ○○○ 성도(직분)의 골분을 이곳에 안치하기 위해 함께 모여 먼저 하나님께 예배합니다. 성도의 죽음을 잠이라고 말씀하신 하나님, 비록 고인은 이곳에 골분으로 모셔지지만, 주님이 다시 오실 때 영광스러운 몸으로 부활할 것을 믿습니다. 고인은 이제 천국에서 하나님과 함께 계심을 믿음으로 유족들이 슬픔을 이겨내게 하시고, 천국의 소망과 부활의 믿음으로 위로를 얻게 하여 주옵소서. 우리 역시 언젠가 떠날 이 세상에 미련을 두지 않고 천국 소망으로 살아가며 하늘의 상급을 쌓아가는 믿음과 소망과 헌신의 삶을 살게 하여 주옵소서. 영원한 생명의 주인이 되신 우리 주 예수 그리스도의 이름으로 기도합니다. 아멘.

성경봉독 ……………………… 고전 15:42~44 ……………………… 집 례 자

42 죽은 자의 부활도 그와 같으니 썩을 것으로 심고 썩지 아니할 것으로 다시 살아나며 43 욕된 것으로 심고 영광스러운 것으로 다시 살아나며 약한 것으로 심고 강한 것으로 다시 살아나며 44 육의 몸으로 심고 신령한 몸으로 다시 살아나나니 육의 몸이 있은즉 또 영의 몸도 있느니라

설　　교 ……………………………………………………… 목　　사

- 고인의 시신은 이제 한 줌의 재가 되었지만 그 영혼은 이미 천국에 있다.
- 오늘 우리는 골분을 이곳에 안치하지만, 예수님이 재림하시는 날 우리는 변화된 몸으로 고인을 만나게 될 것이다.
- 재가 된 육신에 대한 슬픔보다 부활의 소망으로 천국에서 만날 고인, 변화된 몸으로 부활할 예수 재림의 때를 기다리자.

안치기도 ··· 설 교 자

생명과 부활의 주인 되신 하나님 아버지, 이제 이곳에 고(故) ○○○ 성도(직분)의 유골을 안치하려고 합니다. 고인의 육신이 영원히 이곳에 있는 것이 아니라 나팔과 천사장의 호령 소리와 함께 재림하실 때 영광스러운 모습으로 부활할 줄 믿습니다. 유족들이 부활의 믿음으로 모든 슬픔을 이겨내게 하시고 부활의 소망으로 승리하게 하옵소서. 부활의 첫 열매이신 예수 그리스도의 이름으로 기도합니다. 아멘.

찬   송 ················ 488장 이 몸의 소망 무언가 ················ 다 같 이

1. 이 몸의 소망 무언가 우리 주 예수뿐일세
   우리 주 예수밖에는 믿을 이 아주 없도다
2. 무섭게 바람 부는 밤 물결이 높이 설렐 때
   우리 주 크신 은혜에 소망의 닻을 주리라
3. 세상에 믿던 모든 것 끊어질 그날 되어도
   구주의 언약 믿사와 내 소망 더욱 크리라
4. 바라던 천국 올라가 하나님 앞에 뵈올 때
   구주의 의를 힘입어 어엿이 바로 서리라
(후렴) 주 나의 반석이시니 그 위에 내가 서리라
       그 위에 내가 서리라

축   도 ··· 목   사

자연장·수목장 예식[78]

집례 : ○○○

예식선언 ··· 집 례 자

이제 고(故) ○○○ 성도(직분)의 자연장/수목장 예식을 거행하겠습니다.

성시낭독 ···························· 시 23편 ···························· 집 례 자

여호와는 나의 목자시니
내게 부족함이 없으리로다
그가 나를 푸른 풀밭에 누이시며
쉴 만한 물가로 인도하시는도다
내 영혼을 소생시키시고
자기 이름을 위하여 의의 길로 인도하시는도다
내가 사망의 음침한 골짜기로 다닐지라도 해를 두려워하지 않을 것은
주께서 나와 함께 하심이라
주의 지팡이와 막대기가 나를 안위하시나이다
주께서 내 원수의 목전에서 내게 상을 차려주시고
기름을 내 머리에 부으셨으니 내 잔이 넘치나이다
내 평생에 선하심과 인자하심이 반드시 나를 따르리니
내가 여호와의 집에 영원히 살리로다

신앙고백 ························· 사도신경 ························· 다 같 이

찬　　송 ················· 606장 해보다 더 밝은 저 천국 ················· 다 같 이

1. 해보다 더 밝은 저 천국 믿음만 가지고 가겠네
   믿는 자 위하여 있을 곳 우리 주 예비해 두셨네
2. 찬란한 주의 빛 있으니 거기는 어두움 없도다
   우리들 거기서 만날 때 기쁜 낯 서로가 대하리
3. 이 세상 작별한 성도들 하늘에 올라가 만날 때
   인간의 괴롬이 끝나고 이별의 눈물이 없겠네
4. 광명한 하늘에 계신 주 우리도 모시고 살겠네
   성도들 즐거운 노래로 영광을 주 앞에 돌리리
(후렴) 며칠 후 며칠 후 요단강 건너가 만나리
　　　 며칠 후 며칠 후 요단강 건너가 만나리 아멘

기　　도 ··· 맡 은 이

생명의 주인이신 하나님 아버지, 흙에서 나와 흙으로 돌아가야 할 고(故) ○○○ 성도(직분)의 골분을 이곳에 안치하려고 합니다. 여기에 묻을 골분이 비록 흙으로 돌아갈지라도, 주님께서 다시 오실 때 고인은 영화로운 몸으로 부활할 것을 믿고 감사합니다. 사랑하는 가족을 보내는 유족들과 여기에 모인 우리 모두에게 부활의 믿음 안에서 다시 만날 천국의 소망을 주시고, 남은 생애 믿음 생활에 더욱 최선을 다하게 하여 주옵소서. 위로를 허락하여 주옵소서. 예수 그리스도의 이름으로 기도합니다. 아멘.

성경봉독 ················· 고전 15:42~44 ················· 집 례 자

⁴² 죽은 자의 부활도 그와 같으니 썩을 것으로 심고 썩지 아니할 것으로 다시 살아나며 ⁴³ 욕된 것으로 심고 영광스러운 것으로 다시 살아나며 약한 것으로 심고 강한 것으로 다시 살아나며 ⁴⁴ 육의 몸으로 심고 신령한 몸으로 다시 살아나나니 육의 몸이 있은즉 또 영의 몸도 있느니라

설 교 ·· 목 사

- 고인의 시신은 이제 한 줌 재가 되었지만, 그 영혼은 이미 천국에 있다.
- 오늘 우리는 골분을 생명의 상징인 나무와 함께 이곳에 안치하지만, 예수님이 재림하시는 날 고인은 이곳에서 변화된 몸으로 일어나게 될 것이다.
- 재가 된 육신에 대한 슬픔보다 부활의 소망으로 천국에서 만날 고인, 변화된 몸으로 부활할 예수 재림의 때를 기다리자.

찬 송 ············ 246장 나 가나안 땅 귀한 성에 ············ 다 같 이

1. 나 가나안 땅 귀한 성에 들어가려고 내 무거운 짐 벗어버렸네
 죄 중에 다시 방황할 일 전혀 없으니 저 생명 시냇가에 살겠네
2. 그 불과 구름 기둥으로 인도하시니 나 가는 길이 형통하겠네
 그 요단강을 내가 지금 건넌 후에는 저 생명 시냇가에 살겠네
3. 내 주린 영혼 만나로써 먹여주시니 그 양식 내게 생명 되겠네
 이후로 생명 양식 주와 함께 먹으며 저 생명 시냇가에 살겠네
 (후렴) 길이 살겠네 나 길이 살겠네 저 생명 시냇가에 살겠네
 길이 살겠네 나 길이 살겠네 저 생명 시냇가에 살겠네

축   도 ………………………………………………………… 목   사

취   토 ………………………………………………… 집례자, 유족
  (집례자가 먼저 취토한 후 유족들이 차례로 취토한다.
  이때 장례찬양대가 찬송하면 좋다.)

장례 후 위로 예식[79]

집례 : ○○○

예식선언 ··· 집 례 자

이제 고(故) ○○○ 성도(직분)의 장례를 마치고 돌아와 위로 예식을 거행하겠습니다. 이 가정에 하늘의 위로와 평강이 임하기를 기원합니다.

기   원 ··· 집 례 자

찬   송 ················ 240장 주가 맡긴 모든 역사 ················ 다 같 이

1. 주가 맡긴 모든 역사 힘을 다해 마치고 밝고 밝은 그 아침을 맞을 때
   요단강을 건너가서 주의 손을 붙잡고 기쁨으로 주의 얼굴 뵈오리
2. 하늘나라 올라가서 주님 앞에 절하고 온유하신 그 얼굴을 뵈올 때
   있을 곳을 예비하신 크신 사랑 고마워 나의 주께 기쁜 찬송 드리리
3. 이 세상을 일찍 떠난 사랑하는 성도들 나를 맞을 준비 하고 있겠네
   저희들과 한소리로 찬송 부르기 전에 먼저 사랑하는 주를 뵈오리
4. 영화로운 시온성에 들어가서 다닐 때 흰 옷 입고 황금 길을 다니며
   금 거문고 맞추어서 새 노래를 부를 때 세상 고생 모두 잊어버리리

(후렴) 나의 주를 나의 주를 내가 그의 곁에 서서 뵈오며
       나의 주를 나의 주를 손의 못 자국을 보아 알겠네

기   도 .... 맡 은 이

생명의 근원이신 하나님 아버지, 하나님께서 부르셔서 이 세상을 떠난 고(故) ○○○ 성도(직분)의 장례를 잘 마치도록 인도하심을 감사드립니다. 유족들과 우리 교우들은 이렇게 헤어지는 것이 슬프지만 주님이 재림하실 때 부활의 몸으로 다시 만날 것을 믿고 소망을 갖게 하옵소서. 이 땅에 남아 있는 유족들이 고인의 믿음을 따라 살게 하옵시고 성령의 능력으로 모든 슬픔을 이기고 승리하는 삶을 살게 하옵소서. 이제 말씀을 전하시는 목사님과 듣는 저희에게 성령의 충만함을 주시고 그 말씀이 큰 위로가 되게 하옵소서. 예수님의 이름으로 기도합니다. 아멘.

성경봉독 .... 창 50:14~21 .... 집 례 자

14 요셉이 아버지를 장사한 후에 자기 형제와 호상꾼과 함께 애굽으로 돌아왔더라 15 요셉의 형제들이 그들의 아버지가 죽었음을 보고 말하되 요셉이 혹시 우리를 미워하여 우리가 그에게 행한 모든 악을 다 갚지나 아니할까 하고 16 요셉에게 말을 전하여 이르되 당신의 아버지가 돌아가시기 전에 명령하여 이르시기를 17 너희는 이같이 요셉에게 이르라 네 형들이 네게 악을 행하였을지라도 이제 바라건대 그들의 허물과 죄를 용서하라 하셨나니 당신 아버지의 하나님의 종들인 우리 죄를 이제 용서하소서 하매 요셉이 그들이 그에게 하는 말을 들을 때에 울었더라 18 그의 형들이 또 친히 와서 요셉의 앞에 엎드려 이르되 우리는 당신의 종들이니이다 19 요셉이 그들에게 이르되 두려워하지 마소서 내가 하나님을 대신하리이까 20 당신들은 나를 해하려 하였으나 하나님은 그것을 선으로 바꾸사 오늘과 같이 많은 백성의 생명을 구원하게 하시려 하셨나니 21 당신들은 두려워하지 마소서 내가 당신들과 당신들의 자녀를 기르리이다 하고 그들을 간곡한 말로 위로하였더라

설　　교 ··· 목　　사

- 예법에 따라 고인을 장사지냈다고 하여 장례를 마친 것이 아니다.
- 신앙의 사람들에게는 장례의 마무리 과정이 더 있다.
- 그것은 남은 유족들끼리 사랑의 관계를 회복하는 것이다.
- 유족들이 더 우애하며 살아가는 것이야말로 고인의 마지막 소원이고 유지(遺志)일 것이다.
- 잘못한 것에 용서를 구하고, 맺힌 것을 풀며, 서로를 위로하고, 하나님께서 맺어주신 가족의 관계가 사랑으로 회복되어야 한다.

찬　　송 ················· 608장 후일에 생명 그칠 때 ·················· 다　같　이

1. 후일에 생명 그칠 때 여전히 찬송 못 하나
성부의 집에 깰 때에 내 기쁨 한량없겠네
2. 후일에 장막 같은 몸 무너질 때는 모르나
정녕히 내가 알기는 주 예비하신 집 있네
3. 후일에 석양 가까워 서산에 해가 질 때에
주께서 쉬라 하리니 영원한 안식 얻겠네
4. 그날을 예비하면서 내 등불 밝게 켰다가
주께서 문을 여실 때 이 영혼 들어가겠네
(후렴) 내 주 예수 뵈올 때에 그 은혜 찬송하겠네
　　　내 주 예수 뵈올 때에 그 은혜 찬송하겠네 아멘

축　　도 ··· 목　　사

권면과 위로의 나눔 ·· 다　같　이

이장(移葬) 예식

집례 : ○○○

예식선언 ……………………………………………… 집 례 자

지금부터 고(故) ○○○ 님의 이장식을 거행하겠습니다.

1부 : 예식

신앙고백 ………………… 사도신경 ………………… 다 같 이

찬　　송 ………… 488장 이 몸의 소망 무언가 ………… 다 같 이

　1. 이 몸의 소망 무언가 우리 주 예수뿐일세
　　 우리 주 예수밖에는 믿을 이 아주 없도다
　2. 무섭게 바람 부는 밤 물결이 높이 설렐 때
　　 우리 주 크신 은혜에 소망의 닻을 주리라
　3. 세상에 믿던 모든 것 끊어질 그날 되어도
　　 구주의 언약 믿사와 내 소망 더욱 크리라
　4. 바라던 천국 올라가 하나님 앞에 뵈올 때
　　 구주의 의를 힘입어 어엿이 바로 서리라
　(후렴) 주 나의 반석이시니 그 위에 내가 서리라
　　　　그 위에 내가 서리라

기　　도 ……………………………………………………………… 맡 은 이

산 자와 죽은 자의 주가 되시는 거룩하신 하나님 아버지, 이제 고(故) ○○○ 성도(직분)님의 유골을 이장하려고 합니다. 유골을 바라보는 유족들과 교우들이 인생의 허무함을 깨달으며 부활의 주님을 다시 바라보는 시간이 되게 하옵소서. 예수님의 이름으로 기도합니다. 아멘.

성경봉독 ………………… 창 47:29~31 ………………… 집 례 자

²⁹ 이스라엘이 죽을 날이 가까우매 그의 아들 요셉을 불러 그에게 이르되 이제 내가 네게 은혜를 입었거든 청하노니 네 손을 내 허벅지 아래에 넣고 인애와 성실함으로 내게 행하여 애굽에 나를 장사하지 아니하도록 하라 ³⁰ 내가 조상들과 함께 눕거든 너는 나를 애굽에서 메어다가 조상의 묘지에 장사하라 요셉이 이르되 내가 아버지의 말씀대로 행하리이다 ³¹ 야곱이 또 이르되 내게 맹세하라 하매 그가 맹세하니 이스라엘이 침상 머리에서 하나님께 경배하니라

설　　교 ……………………………………………………………… 목　　사

- 이장은 특별한 상황과 이유로 인해 이 땅에서의 고인의 기념 자리를 옮기는 것이다.
- 지금 고인이 묻힌 이 자리나 이장지가 고인의 영원한 처소가 아니다.
- 고인의 참 존재는 이미 영원한 하늘나라에 있음을 우리는 믿는다.
- 야곱은 이집트 땅에서 총리의 아버지로 살면서도 약속의 땅에 대한 소망을 품었다.
- 우리는 이 땅의 처소에 대한 기대보다 천국에 대한 소망으로 살아가야 한다.
- 이 땅의 침상 머리에서라도 하나님께 경배하는 자가 천국에서 하나님을 경배하게 될 것이다.

찬　　송 ················· 242장 황무지가 장미꽃같이 ·················· 다　같　이

1. 황무지가 장미꽃같이 피는 것을 볼 때에
   구속함의 노래 부르며 거룩한 길 다니리
2. 하나님의 아름다움과 그의 영광 볼 때에
   모든 괴롬 잊어버리고 거룩한 길 다니리
3. 마른 땅에 샘물 터지고 사막에 물 흐를 때
   기쁨으로 찬송 부르며 거룩한 길 다니리
4. 거기 악한 짐승 없으니 두려울 것 없겠네
   평안함과 즐거움으로 거룩한 길 다니리
5. 거기 죄인 전혀 없으니 거룩한 자뿐이라
   주님 주신 면류관 쓰고 거룩한 길 다니리
(후렴) 거기 거룩한 그 길에 검은 구름 없으니
   낮과 같이 맑고 밝은 거룩한 길 다니리

축　　도 ··· 목　　사

2부 : 이장

이장기도 ··· 집 례 자

부활의 주이시며 영존하시는 하나님 아버지, 이제 고(故) ○○○ 성도 (직분)님의 유골을 이장하려고 합니다. 이제 어디로 가 묻히든지 주님께서 재림하실 때 나팔과 천사장의 호령 소리와 함께 영광스러운 모습으로 부활할 줄 믿습니다. 유족들이 믿음과 소망과 사랑으로 남은 인생을 더욱 값지게 살다가 천국에서 고인을 만날 수 있도록 도와주옵소서. 이장을 위해 수고하시는 분들에게 성령께서 함께하여 주옵소서. 부활의 첫 열매이신 예수 그리스도의 이름으로 기도합니다. 아멘.

추모식

추모식은 기본적으로 고인을 그리며 생각하는 뜻을 의례의 방식으로 행하는 실천이다. '추도'란 몹시 슬퍼한다는 말이므로 추도식이 아닌 추모식으로 지칭하는 것이 바람직하다. 추모 예식은 반드시 드려야 하는 것은 아니다. 고인을 위한 제사를 지내는 전례 때문에 추모 예식을 우상숭배로 거부하는 이들도 있다. 하지만 유족들이 고인의 신앙과 덕을 추모하며 함께 모여 가족의 화목을 도모하고 믿음의 발자취를 따라 살기를 바라는 마음을 갖고 하나님을 향한 예배의 의례로 진행할 수 있다.

첫 성묘[80]는 장례를 지낸 지 사흘째 되는 날 제사를 지내고 묘소에 가는 것인데 유교 의식이므로 따를 필요가 없다. 다만 적절한 날에 가서 유족들이 묘소가 약속대로 이행되었는지 확인한 후 유족 중 직분자가 찬송과 추모기도 등 간단한 예식을 갖는 것은 무방하다. 탈상[81]은 슬픔의 옷을 벗어버린다는 뜻이 있으므로 별도의 기독교적 예식은 없다. 기독교의 장례는 본질적으로 슬픔의 옷을 벗었기 때문이다. 명절 차례(설날 또는 추석)는 고인에 대한 추모 예식 대신 온 가족이 가정에서 예배 드리는 것이 적절하다.

추모 예식[82]

집례 : ○○○

기   원 ·· 집 례 자

신앙고백 ······················ 사도신경 ······················ 다 같 이

찬   송 ············ 491장 저 높은 곳을 향하여 ············ 다 같 이

1. 저 높은 곳을 향하여 날마다 나아갑니다
   내 뜻과 정성 모아서 날마다 기도합니다
2. 괴롬과 죄가 있는 곳 나 비록 여기 살아도
   빛나고 높은 저곳을 날마다 바라봅니다
3. 의심의 안개 걷히고 근심의 구름 없는 곳
   기쁘고 참된 평화가 거기만 있사옵니다
4. 험하고 높은 이 길을 싸우며 나아갑니다
   다시금 기도하오니 내 주여 인도하소서
5. 내 주를 따라 올라가 저 높은 곳에 우뚝 서
   영원한 복락 누리며 즐거운 노래 부르리
(후렴) 내 주여 내 맘 붙드사 그곳에 있게 하소서
   그곳은 빛과 사랑이 언제나 넘치옵니다

기 도 .... 맡 은 이

그리스도 예수 안에서 부활의 영광을 준비하신 하나님 아버지, 오늘은 우리 고(故) ○○○ 성도(직분)를 하나님께서 불러 가신 날을 맞아 고인을 기억하고 추모하기 위해 함께 모였습니다. 추모 예배로 함께 하는 믿음의 권속들에게 가슴속에 변화될 몸에 대한 소망을 주시고, 다시 만날 기대감에 벅차오르는 감격이 있게 하옵소서. 아직 믿음 안에 있지 않은 가족들이 있다면 그들도 고인의 믿음을 본받아 주님을 영접함으로 소망의 삶을 살아가게 하옵소서. 이 시간 모든 순서를 성령께서 인도하여 주셔서 하나님께 영광 돌리고, 새로운 은혜와 복을 받게 하옵소서. 영원한 소망을 주시는 예수 그리스도의 이름으로 기도합니다. 아멘.

성경봉독 .... 계 21:5~8 .... 집 례 자

⁵ 보좌에 앉으신 이가 이르시되 보라 내가 만물을 새롭게 하노라 하시고 또 이르시되 이 말은 신실하고 참되니 기록하라 하시고 ⁶ 또 내게 말씀하시되 이루었도다 나는 알파와 오메가요 처음과 마지막이라 내가 생명수 샘물을 목마른 자에게 값없이 주리니 ⁷ 이기는 자는 이것들을 상속으로 받으리라 나는 그의 하나님이 되고 그는 내 아들이 되리라 ⁸ 그러나 두려워하는 자들과 믿지 아니하는 자들과 흉악한 자들과 살인자들과 음행하는 자들과 점술가들과 우상 숭배자들과 거짓말하는 모든 자들은 불과 유황으로 타는 못에 던져지리니 이것이 둘째 사망이라

설 교 .... 목 사

• 하나님은 약속의 말씀으로 기록을 명령하실 만큼 만물을 새롭게 하시려는 작정이 강하시다.

- 그것은 영원한 생명수 샘물을 마시고자 하는 자에게 값없이 먹이시는 것이다.
- 예수 이름 안에서 끝까지 믿음을 지키는 자들(이기는 자들)은 이 은혜를 누린다.
- 하나님은 우리의 하나님으로 존재하시기를, 우리는 하나님의 자녀로 살아가기를 원하신다.
- 믿음과 하나님의 뜻을 벗어난 삶의 양식을 따르는 자들은 둘째 사망에 이르게 된다.
- 둘째 사망이 아니라 영원한 생명에 이르도록 믿음을 지키며 살아가는 성도들이 되어야 한다.

기　　도 ··· 맡　은　이

찬　　송 ············492장 잠시 세상에 내가 살면서·············· 다　같　이

1. 잠시 세상에 내가 살면서 항상 찬송 부르다가
   날이 저물어 오라 하시면 영광 중에 나아가리
2. 눈물 골짜기 더듬으면서 나의 갈 길 다 간 후에
   주의 품 안에 내가 안기어 영원토록 살리로다
3. 나의 가는 길 멀고 험하며 산은 높고 골은 깊어
   곤한 나의 몸 쉴 곳 없어도 복된 날이 밝아오리
4. 한숨 가시고 죽음 없는 날 사모하며 기다리니
   내가 그리던 주를 뵈올 때 나의 기쁨 넘치리라
   (후렴) 열린 천국 문 내가 들어가 세상 짐을 내려놓고
   　　　빛난 면류관 받아 쓰고서 주와 함께 길이 살리

축　　도 ··· 목　　　사
고인에 대한 추억 나눔 ··· 유　　　족

제 4 장

목양 예식

목양 예식

목양 예식의 의미

목양은 성도들의 삶을 전인적으로 돌보는 것을 의미한다. 인간은 태어나서 자라고 성숙하며 죽음에 이르는 삶의 전 과정을 하나님과 함께 하며 이어가는데 이러한 삶의 결정적 순간이나 전환점을 목회적 돌봄의 방식으로 접근하는 것은 중요하다. 목양 예식은 출생, 성장, 삶의 변화, 죽음에 이르는 모든 과정에서 중요한 순간들을 의례의 방식으로 접근하는 것을 뜻한다. 이 때 목회자와 가정의 역할이 중요하며 이 두 가지는 상호 연결된다.

한 개인을 목회적으로 돌보는 것과 가정을 중심으로 신앙의 성장을 돕는 노력과 실천에서 목양 예식은 중요한 역할을 한다. 여기서는 이미 기술한 예배와 성례, 혼인, 장례 등을 제외하고 목양적인 부분을 소개한다. 신앙 형성의 공동체성은 가정을 중심으로 이루어진다. 가정의 구조와 의미, 역할이 사회적으로 변화하고 있지만 신앙 형성과 관련한 가정의 중요성은 지금도 여전하다. 특별히 가정예배는 가족 구성원 전체의 신앙 형성과 유아 세례 이후 자녀들의 신앙교육에서 중요한 역할을 한다. 그러므로 목회자는 공예배 예식 외에 심방, 각종 생일, 창업, 건물의 기공과 준공, 입주 및 이사, 추모과 관련한 다양한 의례적 섬김을 제공해야 한다.

가정예배[83]

가정예배(창 12:7~8, 수 24:15, 엡 6:1~4)는 성경적 방식으로 가족들의 신앙을 형성하는 중요한 실천 양식이다. 성경과 역사는 가정예배를 하나님의 언약 관계를 구체화하는 적극적 방식으로 강조한다. 오늘날 가족 중심의 신앙 형성을 위해서 가정예배를 지속적으로 드리는 것은 매우 중요하다. 그리고 가정예배의 실천에서 가장은 실제적인 책임을 가지고 중요한 역할을 수행한다. 이러한 실천이 온 가족을 하나님의 백성으로 이 세상에서 살아가게 하는 데 중요한 방식이 된다.

가정예배의 구성과 실천은 성경 중심적이어야 하고 교회의 목회자가 구체적인 실천을 위한 안내를 제시하는 것이 필요하다. 각 가정에서 진행하는 가정예배는 교회 전체의 예배 의례와 크게 다르지 않으며 연결성을 갖고 실천하는 것이 바람직하다. 이를 위해서 가정예배를 드릴 때의 요소들은 예배로의 초청, 찬양, 죄 고백과 용서의 간구, 신앙고백, 기도, 성경 읽기, 주기도 등이다.

가정예배에서 성경 읽기는 연속적 성경 읽기 방법을 사용하는 것이 바람직하며 특히 시편을 별도로 구분해서 연속해서 읽는 것은 신앙 형성에 유익하다. 또한 성경 읽기와 함께 자녀들의 신앙교육을 위해서 요리문답, 사도신경, 십계명, 주기도, 주요 성경 구절의 암송 등을 포함하면 가족 모두가 만족하는 가정예배가 될 수 있다.

가정예배(1)

기　원 ··· 인 도 자
　　　　(다음과 같은 성경 구절을 하나씩 사용해서 읽는 것이 좋다.)

일어나라 빛을 발하라 이는 네 빛이 이르렀고 여호와의 영광이 네 위에 임하였음이니라(사 60:1)
주는 나의 은신처이오니 환난에서 나를 보호하시고 구원의 노래로 나를 두르시리이다(시 32:7)

신앙고백 ······················ 사도신경 ······················ 다 같 이
시편읽기 ··· 다 같 이
　　　　(연속적으로 적당한 분량씩 구분해서 읽는다.)

찬　송 ··· 다 같 이
성경읽기 ··· 다 같 이
　　　　(연속적 성경 읽기 방식으로 읽거나 교회의 안내를 따른다.)

기　도 ·· 맡은이 혹은 다같이
　　　　(가족 대표 혹은 합심하여 혹은 순차적으로 기도한다.)

　　　　1. 하루 동안 주의 인도하심을 간구(혹은 감사)
　　　　2. 하루 동안의 잘못 회개
　　　　3. 가정의 평안과 행복을 위하여
　　　　4. 교회와 목회자를 위하여
　　　　5. 가족의 일터와 국가를 위하여

주 기 도 ··· 다 같 이

가정예배(2)

기 원 .... 인 도 자
    (다음과 같은 성경 구절을 하나씩 사용해서 읽는 것이 좋다.)

오라 우리가 굽혀 경배하며 우리를 지으신 여호와 앞에 무릎을 꿇자 그는 우리의 하나님이시요 우리는 그가 기르시는 백성이며 그의 손이 돌보시는 양이기 때문이라(시 95:6~7)

신앙고백·십계명 .... 사도신경 .... 다 같 이
    (월수금은 사도신경, 화목토는 십계명)

요리문답 .... 다 같 이
    (연속적으로 적당한 분량씩 구분해서 읽는다.)
    (가장 혹은 인도자가 질문하고 가족들이 답하는 방식으로 진행한다.)

찬 송 .... 다 같 이

성경읽기 .... 다 같 이
    (소요리문답을 연속적으로 적당한 분량씩 구분해서 읽는다.)

기 도 .... 맡은이 혹은 다같이
    (가족 대표 혹은 합심하여 혹은 순차적으로 기도한다.)

    1. 하루 동안 주의 인도하심을 간구(혹은 감사)
    2. 하루 동안의 잘못 회개
    3. 가정의 평안과 행복을 위하여
    4. 교회와 목회자를 위하여
    5. 가족의 일터와 국가를 위하여

주 기 도 .... 다 같 이

구역예배

인도 : ○○○

기　　원	………………………………………………………	인 도 자
신앙고백	……………… 사도신경 ………………	다 같 이
찬　　송	………………………………………………………	다 같 이
기　　도	………………………………………………………	맡 은 이

(구역 교우들이 순차적으로 기도한다.)

성경봉독	………………………………………………………	다 같 이
성경학습[84]	………………………………………………………	다 같 이

(구역장이 성경 혹은 교리학습을 인도한다.)

기　　도	…………………………………………	맡은이 혹은 다같이

(구역 대표 혹은 합심하여 혹은 순차적으로 기도한다.)

1. 구역의 부흥과 성장을 위하여
2. 구역 교우들의 가정을 위하여
3. 교회와 목회자를 위하여
4. 기타 교회의 사역과 선교를 위하여

찬　　송	………………………………………………………	다 같 이
구역헌금	………………………………………………………	다 같 이
봉헌기도	………………………………………………………	인 도 자
주 기 도	………………………………………………………	다 같 이

환우 심방

인도 : ○○○

기　　원	…………………………………………………	인 도 자
신앙고백	……………사도신경……………	다 같 이
찬　　송	…………………………………………………	다 같 이
기　　도	…………………………………………………	맡 은 이
성경봉독	………출 15:22~26, 말 4:1~3, 마 8:14~17, 약 5:13~18 중에서 ………	인 도 자
설　　교	…………………………………………………	목　　사

- 고통의 신학자이자 기독교 변증가인 C. S. 루이스는 고난이 변장된 축복이라고 말했다.
- 질병의 고난에서도 낙담하거나 절망하지 말고, 죽음과 생명을 주관하시고, 상하게도 하시며 낫게도 하시는 하나님을 믿는 믿음이 필요하다.
- 예수님은 십자가에서 우리의 죄뿐 아니라 우리의 연약함과 질병도 담당하셨다.
- 의사는 진단하고 처방하지만, 치료하시는 이는 여호와 라파의 하나님이심을 믿고 기도해야 한다.

권면과 위로 ………………………………………………… 설 교 자

기   도 ·· 설 교 자

(치유기도의 경우 목사만 환자의 머리에 손을 얹고
다음과 같이 안수기도 할 수 있다.)[85]

천지 만물을 창조하시고 인간의 생명을 주관하시는 전능하신 하나님 아버지, 지금 사랑하는 ○○○가 육체적(정신적)으로 큰 고통 속에 있습니다. 자비로우신 주님, ○○○가 근심과 두려움과 절망 속에 있으나 이제는 모든 질병을 이기시고 십자가에서 승리하신 주님을 바라보게 하옵소서. 지금 이 자리에 오셔서 성령의 능력으로 아픈 곳을 만져주시고 고쳐주옵소서. 부활의 능력으로 육체와 마음과 영혼을 치유하여 주옵소서. 이 시간 ○○○의 손을 잡아 일으켜 주옵소서. 예수님의 이름으로 간절히 기도합니다. 아멘.

치유의 말씀 ··· 설 교 자

(치유의 말씀을 선포한다.)

내가 네게 명령한 것이 아니냐 강하고 담대하라 두려워하지 말며 놀라지 말라 네가 어디로 가든지 네 하나님 여호와가 너와 함께 하느니라 하시니라(수 1:9)

두려워하지 말라 내가 너와 함께 함이라 놀라지 말라 나는 네 하나님이 됨이라 내가 너를 굳세게 하리라 참으로 너를 도와주리라 참으로 나의 의로운 오른손으로 너를 붙들리라(사 41:10)

온 무리가 예수를 만지려고 힘쓰니 이는 능력이 예수께로부터 나와서 모든 사람을 낫게 함이러라(눅 6:19)

평안을 너희에게 끼치노니 곧 나의 평안을 너희에게 주노라 내가 너희에게 주는 것은 세상이 주는 것과 같지 아니하니라 너희는 마음에 근심하지도 말고 두려워하지도 말라(요 14:27)

찬   송 ·· 다 같 이
축   도 ·· 목   사

첫돌 감사예식

인도 : ○○○

예식선언 ··· 인 도 자

지금부터 하나님께서 만세 전에 생명을 허락하시고 이 가정에 보내주신 ○○○의 첫돌을 맞이하여 감사예식을 거행하겠습니다.

기 원 ··· 인 도 자

찬 송 ···············570장 주는 나를 기르시는 목자················ 다 같 이

  1. 주는 나를 기르시는 목자요 나는 주님의 귀한 어린 양
    푸른 풀밭 맑은 시냇물가로 나를 늘 인도하여 주신다
  2. 예쁜 새들 노래하는 아침과 노을 비끼는 고운 황혼에
    사랑하는 나의 목자 음성이 나를 언제나 불러주신다
  3. 못된 짐승 나를 해치 못하고 거친 비바람 상치 못하리
    나의 주님 강한 손을 펼치사 나를 주야로 지켜주신다
  (후렴) 주는 나의 좋은 목자 나는 그의 어린 양
       철을 따라 꼴을 먹여 주시니 내게 부족함 전혀 없어라 아멘

기   도 ……………………………………………………………… 맡 은 이

복의 근원이신 하나님 아버지, 이 가정에 어린 생명을 주시고 주님의 은혜 가운데 건강하게 자라 첫돌(백일)을 맞게 하시니 감사합니다. 앞으로도 건강하고 지혜롭게 자라게 하셔서 하나님과 사람들의 기쁨이 되게 하옵소서. 아이의 부모도 건강하게 하시어 믿음과 사랑으로 아이를 돌보게 하시고 하나님의 신령한 젖으로 아이를 양육하여 하나님의 귀한 일꾼으로 길러내게 하옵소서. 이 예배를 통하여 영광 받으시고 말씀을 들을 때 아이와 우리 모두에게 큰 복이 되게 하옵소서. 예수님의 이름으로 기도합니다. 아멘.

성경봉독 …………삼상 2:26, 눅 2:40, 딤후 1:3~5 중에서………… 맡 은 이

설   교 ……………………………………………………………… 목   사

- 생명을 주신 하나님께서 연약한 아이를 돌보시고 그 삶을 주관하시어 1년 365일, 8,760시간, 525,600분, 31,536,000초 모든 시간 동안 건강하게 지켜주셨음을 감사드린다.
- 아이가 예수님처럼 지혜가 점점 자라 실력 있는 아이가 되고, 키도 크고 아프지 않고 건강하며, 무엇보다 예배를 잘 드리고 말씀대로 살아 하나님께 사랑받고, 많은 사람에게도 기쁨이 되길 바란다.

찬　　송　·············· 564장 예수께서 오실 때에 ············· 다　같　이

1. 예수께서 오실 때에 그 귀중한 보배
   하나라도 남김 없이 다 찾으시리
2. 정한 보배 빛난 보배 주 예수의 보배
   하늘나라 두시려고 다 거두시리
3. 주를 사랑하는 아이 이 세상에 살 때
   주의 말씀 순종하면 참 보배로다
(후렴) 샛별 같은 그 보배 면류관에 달려
   반짝반짝 빛나게 비치리로다

축　　도　···　목　　사

성년 감사예식

인도 : ○○○

예식선언 ……………………………………………………… 인 도 자

지금부터 하나님께서 만세 전에 생명을 허락하시고 만 19세가 되는 ○○○의 성년을 맞이하여 감사예식을 거행하겠습니다.

기 원 ……………………………………………………… 인 도 자

찬 송 ………………571~575장 중에서……………… 다 같 이

기 도 ……………………………………………………… 맡 은 이

복의 근원이신 하나님 아버지, 19년 전 ○○○에게 생명을 주시고 오늘 새벽이슬 같은 청년이 되어 이렇게 성년 감사예배를 드릴 수 있도록 인도하여 주심을 감사합니다. 이제 몸뿐만이 아니라 마음과 믿음이 어른이 되어 예수 그리스도의 장성한 분량까지 성장하게 하옵소서. 앞길도 열어주시어 가정과 교회와 나라의 귀한 일꾼이 되게 하옵소서. 이제 주의 종의 말씀이 이 청년에게 길과 진리와 생명이 되도록 성령으로 충만하게 하옵소서. 예수님의 이름으로 기도합니다. 아멘.

성경봉독 ……………… 수 1:6~9, 전 12:1 중에서 ……………… 인 도 자

설   교 .... 목   사

- 이제 이 한 사람이 스스로 결정하며 새롭게 출발하는 성인이 되었다.
- 신앙적으로도 어른다운 책임을 갖고 능동적인 결정을 하는 믿음의 성인이 되어야 한다.
- 젊은 날을 헛되게 보내지 말고, 하나님의 꿈을 인생의 비전으로 삼으며, 예수님의 성품을 닮아, 성령의 능력으로 강하고 담대하게 도전하며 전진하는 건강한 신앙의 성인이 되길 바란다.

찬   송 ....575장 주님께 귀한 것 드려.................. 다 같 이

1. 주님께 귀한 것 드려 젊을 때 힘 다하라
   진리의 싸움을 할 때 열심을 다하여라
   모범을 보이신 예수 굽히지 않으셨네
   너희는 충성을 다해 주님을 섬기어라
2. 주님께 귀한 것 드려 네 몸과 네 마음도
   주 위해 모든 것 바쳐 힘 다해 섬기어라
   독생자 보내신 성부 은혜를 베푸시니
   너희는 정성을 다해 주님을 섬기어라
3. 우리의 귀한 것 모두 주님께 바치어도
   그 귀한 생명을 주신 주 은혜 못 갚겠네
   하늘의 영광을 버려 우리를 구했으니
   너희는 마음을 다해 주님을 섬기어라
   (후렴) 주님께 귀한 것 드려 젊을 때 힘 다하라
   구원의 갑주를 입고 끝까지 싸워라

축   도 .... 목   사

생일 감사예식

인도 : ○○○

예식선언 ··· 인 도 자

지금부터 하나님께서 만세 전에 생명을 허락하시고 이 가정에 보내주신 ○○○ 성도(직분)의 생일을 맞이하여 감사예식을 거행하겠습니다.

기　　원 ··· 인 도 자

찬　　송 ············· 28장 복의 근원 강림하사 ············· 다 같 이

1. 복의 근원 강림하사 찬송하게 하소서
   한량없이 자비하심 측량할 길 없도다
   천사들의 찬송가를 내게 가르치소서
   구속하신 그 사랑을 항상 찬송합니다
2. 주의 크신 도움 받아 이때까지 왔으니
   이와 같이 천국에도 이르기를 바라네
   하나님의 품을 떠나 죄에 빠진 우리를
   예수 구원하시려고 보혈 흘려 주셨네
3. 주의 귀한 은혜 받고 일생 빚진 자 되네
   주의 은혜 사슬 되사 나를 주께 매소서
   우리 맘은 연약하여 범죄하기 쉬우니
   하나님이 받으시고 천국 인을 치소서 아멘

기   도 ……………………………………………………………… 맡 은 이

자비로우신 하나님 아버지, 주님께서 영원 전부터 예정하신 귀한 생명 ○○○ 성도(직분)를 이 땅에 보내시어 하나님 아버지의 사랑과 인도하심으로 귀한 삶을 살게 하심을 감사드립니다. 오늘 생일을 맞이하는 ○○○ 성도(직분)의 인생길에 날마다 주님의 보호가 있게 하옵소서. 생의 걸음마다 주의 영광을 나타내며 주님과 더불어 살아가게 하옵소서. 예수님의 이름으로 기도합니다. 아멘.

성경봉독 ………… 엡 4:13, 딤후 3:16~17, 시 23:1~6 중에서 ………… 인 도 자

설   교 ……………………………………………………………… 목   사

- 생명을 허락하신 하나님께 감사하고, 생명의 목적이 온전한 하나님의 사람으로 자라가기 위함임을 분명히 확신해야 한다.
- 자신의 생명이 하나님의 인도하심과 주권적인 도우심을 통해 풍성한 삶에 이르는 과정임을 받아들이길 바란다.
- 자신의 생명은 이 세상의 가치가 아닌 하나님의 사람으로 세워져 가는 과정임을 확신하고 다음 생일까지 감사의 삶을 지속하길 바란다.

찬   송 ………………… 301장 지금까지 지내온 것 ………………… 다 같 이

1. 지금까지 지내온 것 주의 크신 은혜라
   한이 없는 주의 사랑 어찌 이루 말하랴
   자나 깨나 주의 손이 항상 살펴 주시고
   모든 일을 주 안에서 형통하게 하시네

2. 몸도 맘도 연약하나 새 힘 받아 살았네
   물 붓듯이 부으시는 주의 은혜 족하다
   사랑 없는 거리에나 험한 산길 헤맬 때
   주의 손을 굳게 잡고 찬송하며 가리라
3. 주님 다시 뵈올 날이 날로 날로 다가와
   무거운 짐 주께 맡겨 벗을 날도 멀잖네
   나를 위해 예비하신 고향 집에 돌아가
   아버지의 품 안에서 영원토록 살리라

축　　도 ……………………………………………………… 목　　사

장수 감사예식(칠순, 팔순)[86]

인도 : ○○○

예식선언 ··· 인 도 자

지금부터 ○○○ 성도(직분)의 70회(80회) 생신을 맞이하여 감사예식을 거행하겠습니다.

기　　원 ··· 인 도 자

찬　　송 ················· 301장 지금까지 지내온 것 ················ 다 같 이

1. 지금까지 지내온 것 주의 크신 은혜라
한이 없는 주의 사랑 어찌 이루 말하랴
자나 깨나 주의 손이 항상 살펴 주시고
모든 일을 주 안에서 형통하게 하시네
2. 몸도 맘도 연약하나 새 힘 받아 살았네
물 붓듯이 부으시는 주의 은혜 족하다
사랑 없는 거리에나 험한 산길 헤맬 때
주의 손을 굳게 잡고 찬송하며 가리라
3. 주님 다시 뵈올 날이 날로 날로 다가와
무거운 짐 주께 맡겨 벗을 날도 멀잖네
나를 위해 예비하신 고향 집에 돌아가
아버지의 품 안에서 영원토록 살리라

기   도 ……………………………………………………………… 맡 은 이

자비로우신 하나님 아버지, 주님께서 영원 전부터 예정하신 귀한 생명 ○○○ 성도(직분)를 이 땅에 보내시어 하나님 아버지의 귀한 은혜로 70(80) 평생 삶을 살게 하심을 감사합니다. 그동안 수많은 어려움과 환난도 있었으나 믿음과 인내로 이겨내게 하시고 오늘날까지 인도하심을 감사드립니다.

　　오늘 칠순/팔순(고희)을 맞이하는 ○○○ 성도(직분)의 인생길에 날마다 주님의 보호가 있게 하옵소서. 남은 생의 걸음마다 주의 영광을 나타내며 주님과 더불어 살아가게 하옵소서. 예수님의 이름으로 기도합니다. 아멘.

성경봉독 …………… 시 1:1~3, 90:10~14, 139:1~18 중에서 …………… 인 도 자

설   교 ……………………………………………………………… 목   사

- 지금까지 살아온 생애는 하나님의 주권적인 인도하심의 결과로 감사의 조건이 된다.
- 장수를 통해서 하나님이 허락하신 생명과 함께 삶의 지혜를 고백하는 것이 필요하다.
- 삶의 주인이신 하나님의 자비와 인도하심에 대한 확신을 가지고 더욱 기쁨과 감사의 삶을 살아가며, 삶에서 얻은 지혜를 많은 이들에게 나눌 수 있기를 바란다.

기   도 ……………………………………………………………… 설 교 자
축   가 ……………………………………………………………… 맡 은 이

찬　　송 ················· 579장 어머니의 넓은 사랑 ················· 자녀 일동
(부모님의 은혜와 신앙의 유산에 대한 감사의 고백으로
자녀들이 찬송하고 마지막 절은 축하객 모두가 함께 찬송한다.)

1. 어머니의 넓은 사랑 귀하고도 귀하다
   그 사랑이 언제든지 나를 감싸줍니다
   내가 울 때 어머니는 주께 기도드리고
   내가 기뻐 웃을 때에 찬송 부르십니다
2. 아침저녁 읽으시던 어머니의 성경책
   손때 남은 구절마다 모습 본 듯합니다
   믿는 자는 누구든지 영생함을 얻으리
   들려주신 귀한 말씀 이제 힘이 됩니다
3. 홀로 누워 괴로울 때 헤매다가 지칠 때
   부르시던 찬송 소리 귀에 살아옵니다
   반석에서 샘물 나고 황무지에 꽃피니
   예수님과 동행하면 두려울 것 없어라
4. 온유하고 겸손하며 올바르게 굳세게
   어머니의 뜻 받들어 보람 있게 살리라
   풍파 많은 세상에서 선한 싸움 싸우다
   생명 시내 흐르는 곳 길이 함께 살리라

축　　도 ·· 목　　사

〔 축 하 식 〕

촛불점화 ················· 축하 노래 ················· 다 같 이
　　　　　　(생일 떡 혹은 케이크에 부모님이 점화한다.)

배　　례 ·· 자녀 일동
　　　　(자녀들이 모두 나와 생일을 맞은 부모님께 꽃을 달아드리고 큰절을 한다.
　　　　이후 축하객들이 부모님을 볼 수 있도록 하고 생일 축하 노래를 부른다.
　　　　부모님이 촛불을 끄면 축하객들은 축복의 박수를 힘 있게 친다.)

축복기도 ·· 목　　사
　　　　　(모든 축하객이 조용히 생일을 맞이하는 이를 위한
　　　　　기도를 마치면 목사는 축복기도로 마무리한다.)

감사인사 ·· 생 일 자
기념촬영 ·· 다 같 이
교　　제 ·· 다 같 이

개업 감사예식[87]

인도 : ○○○

예식선언 ·· 인 도 자

오늘 ○○○ 성도(직분)님이 개업할 수 있도록 허락하여 주신 하나님께 감사드리며 개업 감사예식을 거행하겠습니다.

기   원 ··· 인 도 자

찬   송 ·························383장 눈을 들어 산을 보니······················ 다 같 이

   1. 눈을 들어 산을 보니 도움 어디서 오나
      천지 지은 주 하나님 나를 도와주시네
      나의 발이 실족 않게 주가 깨어 지키며
      택한 백성 항상 지켜 길이 보호하시네
   2. 도우시는 하나님이 네게 그늘 되시니
      낮의 해와 밤의 달이 너를 상치 않겠네
      네게 화를 주지 않고 혼을 보호하시며
      너의 출입 지금부터 영영 인도하시리 아멘

기   도 ··· 맡 은 이

전능하신 하나님 아버지, 오늘 이 사업을 새로 시작할 수 있게 인도하여 주신 것을 감사합니다. 지금까지 인도해 주신 것처럼 앞으로도 주의 손안에 있도록 인도하여 주옵소서.

만물의 주인이시며 복의 근원이신 하나님, 이 사업을 통하여 예수님의 영광을 드러내게 하시고, 가정과 이웃과 교회와 나라에 유익을 끼치게 하옵소서. 하나님께서 ○○○ 성도(직분)님에게 솔로몬과 같은 지혜와 건강을 주셔서 이 사업을 이끌어가는 데 부족함이 없게 하옵소서. 예수님의 이름으로 기도합니다. 아멘.

성경말씀 ······· 창 26:12~14, 시 1:1~3, 잠 16:1~3, 사 58:11 중에서 ······· 인 도 자

설　교 ·· 목　사

- 개업하는 사업장이 믿음의 기업이 되길 바란다.
- 마음의 경영은 사람에게 있어도 그 응답은 하나님께 있음을 믿고 모든 행사와 경영을 하나님께 맡기시길 바란다.
- 하나님께서 이 기업의 사장이 되시고, 하나님이 홍보하시며, 하나님이 직접 경영하시도록 기도하며 일하시길 바란다.
- 하나님이 복 주시는 사업장이 되어, 물이 끊기지 않는 동산과 같은 축복으로 창대하고 왕성한 복이 넘치길 바란다.

기　도 ·· 설 교 자

찬　송 ···················· 430장 주와 같이 길 가는 것 ···················· 다 같 이

1. 주와 같이 길 가는 것 즐거운 일 아닌가
   우리 주님 걸어가신 발자취를 밟겠네
2. 어린아이 같은 우리 미련하고 약하나
   주의 손에 이끌리어 생명 길로 가겠네
3. 꽃이 피는 들판이나 험한 골짜기라도
   주가 인도하는 대로 주와 같이 가겠네

4. 옛 선지자 에녹같이 우리들도 천국에
　　들려 올라갈 때까지 주와 같이 걷겠네
　　나를 위해 예비하신 고향 집에 돌아가
　　(후렴) 한 걸음 한 걸음 주 예수와 함께
　　날마다 날마다 우리 걸어가리

축　　도 ……………………………………………… 목　　사
인사 및 광고 ……………………………………… 개 업 주

기공 감사예식[88]

인도 : ○○○

예식선언 ·· 인 도 자

이 건물을 짓도록 공사를 시작할 수 있게 허락해 주신 하나님께 감사 드리며 기공 감사예식을 거행하겠습니다.

기   원 ·· 인 도 자

찬   송 ················ 204장 주의 말씀 듣고서 ················ 다 같 이

1. 주의 말씀 듣고서 준행하는 자는
   반석 위에 터 닦고 집을 지음 같아
   비가 오고 물 나며 바람 부딪쳐도
   반석 위에 세운 집 무너지지 않네
2. 주의 말씀 듣고도 행치 않는 자는
   모래 위에 터 닦고 집을 지음 같아
   비가 오고 물 나며 바람 부딪칠 때
   모래 위에 세운 집 크게 무너지네
3. 세상 모든 사람들 집을 짓는 자니
   반석 위가 아니면 모래 위에 짓네
   우리 구주 오셔서 지은 상을 줄 때
   세운 공로 따라서 영영 상벌 주리
   (후렴) 잘 짓고 잘 짓세 우리 집 잘 짓세
   만세 반석 위에다 우리 집 잘 짓세

기　　　도	………………………………………………………………… 맡은이
성경말씀	………… 대상 22:17~19, 29:1~5, 29:6~9 중에서 ………… 인 도 자
설　　　교	………………………………………………………………… 목　　사

- 하나님께서 새로운 건물을 건축할 마음을 주시고 마음으로 준비하게 하셔서 여기까지 왔다.
- 첫 삽을 뜬 후 앞으로 진행되는 건축의 모든 과정에 하나님께서 항상 함께하셔서 안전사고가 없길 바란다. 이 건물이 건축되는 동안 마음과 삶이 더욱 아름답게 지어지도록 힘쓰자.

건축개요	……………………………………………………… 건축주, 설계사
소　　　개	………………………………………… 인도자(설계사, 시공자 등)
찬　　　송	………………… 383장 눈을 들어 산을 보니 ………………… 다 같 이

1. 눈을 들어 산을 보니 도움 어디서 오나
   천지 지은 주 하나님 나를 도와주시네
   나의 발이 실족 않게 주가 깨어 지키며
   택한 백성 항상 지켜 길이 보호하시네
2. 도우시는 하나님이 네게 그늘 되시니
   낮의 해와 밤의 달이 너를 상치 않겠네
   네게 화를 주지 않고 혼을 보호하시며
   너의 출입 지금부터 영영 인도하시리 아멘

| 축　　　도 | ………………………………………………………………… 목　　사 |
| 첫삽뜨기[89] | ………………………………………………………………… 맡은이 |

준공 감사예식[90]

인도 : ○○○

예식선언 ··· 인 도 자

지금까지 힘들고 어려운 과정을 거쳐 이렇게 아름다운 건물을 다 완성하였습니다. 이제까지 지켜주신 하나님께 감사드립니다. 이제 ○○ 건물(주택) 준공 감사예식을 거행하겠습니다.

기   원 ··· 인 도 자
찬   송 ···················· 301장 지금까지 지내온 것 ···················· 다 같 이

1. 지금까지 지내온 것 주의 크신 은혜라
   한이 없는 주의 사랑 어찌 이루 말하랴
   자나 깨나 주의 손이 항상 살펴 주시고
   모든 일을 주 안에서 형통하게 하시네
2. 몸도 맘도 연약하나 새 힘 받아 살았네
   물 붓듯이 부으시는 주의 은혜 족하다
   사랑 없는 거리에나 험한 산길 헤맬 때
   주의 손을 굳게 잡고 찬송하며 가리라
3. 주님 다시 뵈올 날이 날로 날로 다가와
   무거운 짐 주께 맡겨 벗을 날도 멀잖네
   나를 위해 예비하신 고향 집에 돌아가
   아버지의 품 안에서 영원토록 살리라

| 기　　도 | …………………………………………………… | 맡 은 이 |

| 특　　송 | …………………………………………………… | 맡 은 이 |

(준비될 경우 포함한다.)

| 성경말씀 | ………… 마 7:24~28, 딤후 2:20~21, 행 9:31 중에서 ………… | 인 도 자 |

| 설　　교 | …………………………………………………… | 목　　사 |

- 하나님의 은혜로 이 건물이 완공되게 하셔서 감사드린다.
- 처음부터 끝까지 하나님께서 함께하셨다.
- 새로운 건물에서 행하는 모든 일이 하나님의 영광을 위해 이루어지길 바란다.

| 기　　도 | …………………………………………………… | 설 교 자 |

| 경과보고 | …………………………………………………… | 건 축 주 |

| 축　　사 | …………………………………………………… | 맡 은 이 |

| 인사 및 광고 | ………………………………………………… | 건 축 주 |

| 찬　　송 | ………………… 28장 복의 근원 강림하사 ………………… | 다 같 이 |

1. 복의 근원 강림하사 찬송하게 하소서
   한량없이 자비하심 측량할 길 없도다
   천사들의 찬송가를 내게 가르치소서
   구속하신 그 사랑을 항상 찬송합니다
2. 주의 크신 도움 받아 이때까지 왔으니
   이와 같이 천국에도 이르기를 바라네
   하나님의 품을 떠나 죄에 빠진 우리를
   예수 구원하시려고 보혈 흘려 주셨네

3. 주의 귀한 은혜 받고 일생 빚진 자 되네
   주의 은혜 사슬 되사 나를 주께 매소서
   우리 맘은 연약하여 범죄하기 쉬우니
   하나님이 받으시고 천국 인을 치소서 아멘

축　　도 ……………………………………………… 목　　사

이사(입주) 감사예식[91]

인도 : ○○○

예식선언 ·· 인 도 자

하나님의 은혜로 새집(새 건물)에 입주하게 됨을 하나님께 감사드리며 감사예식을 거행하겠습니다.

기　　원 ·· 인 도 자

찬　　송 ················ 428장 내 영혼에 햇빛 비치니················ 다 같 이

　1. 내 영혼에 햇빛 비치니 주 영광 찬란해
　　 이 세상 어떤 빛보다 이 빛 더 빛나네
　2. 내 영혼에 노래 있으니 주 찬양합니다
　　 주 귀를 기울이시사 다 듣고 계시네
　3. 내 영혼에 봄날 되어서 주 함께 하실 때
　　 그 평화 내게 깃들고 주 은혜 꽃피네
　4. 내 영혼에 희락이 있고 큰 소망 넘치네
　　 주 예수 복을 주시고 또 내려주시네
　(후렴) 주의 영광 빛난 광채 내게 비춰 주시옵소서
　　　　그 밝은 얼굴 뵈올 때 나의 영혼 기쁘다

기　　도 ·· 맡 은 이

성경말씀 ·········· 창 28:16~22, 시 127:1~2, 마 6:33~34 중에서 ·········· 인 도 자

설   교 ·· 목   사

- 새로운 보금자리를 허락해 주심에 감사드린다.
- 이곳이 하나님의 집 '벧엘'이 되게 하시고, 온 가족이 하나님과 더 친밀하고 풍성한 교제 가운데 살아, 위로부터 부어주시는 평강과 은혜 안에 거하길 소망한다.
- 하나님을 향한 꿈과 소망이 더욱 커져서 하나님 마음에 맞는 가정이 되길 바란다.

기   도 ·· 설 교 자

찬   송 ················ 408장 나 어느 곳에 있든지 ················ 다 같 이

1. 나 어느 곳에 있든지 늘 맘이 편하다
   주 예수 주신 평안함 늘 충만하도다
2. 내 맘에 솟는 영생수 한없이 흐르니
   목마름 다시 없으며 늘 평안하도다
3. 참되신 주의 사랑을 형언치 못하네
   그 사랑 내 맘 여시고 소망을 주셨네
4. 주 예수 온갖 고난을 왜 몸소 당했나
   주 함께 고난 받으면 면류관 얻겠네
(후렴) 나의 맘속이 늘 평안해 나의 맘속이 늘 평안해
   악한 죄 파도가 많으나 맘이 늘 평안해

축   도 ·· 목   사

부 록

장례 용어 ················· 226
주석 ······················· 228
「새표준예배·예식서」 개정 약사 ···· 235

장례 용어[92]

장례 일반

사망진단서(死亡診斷書) : 의사가 사람의 사망을 의학적으로 증명할 때 작성하는 문서

사체검안서(死體檢案書) : 의사의 치료를 받지 않고 사망한 사체를 살펴서 의사가 사인(死因)을 의학적으로 검증(검안)하여 사망을 확인하는 증명서

임종(臨終) : 운명하는 것을 곁에서 지켜보는 것

안치(安置) : 시신의 부패와 세균 번식 등을 막기 위해 시신 보관용 냉장 시설에 시신을 모시는 것

장례(葬禮) : 죽음을 처리하는 과정에서 행해지는 일련의 의례

장사(葬事) : 시신을 화장하거나 매장하는 등 시신을 처리하는 일련의 행위. 장사 시설에는 묘지, 화장시설, 봉안시설, 자연장지, 장례식장 등이 있다.

고인(故人) : 장례를 진행하는 과정에서 죽은 이를 예(禮)로써 높여 부르는 말

초상(初喪) : 사람이 죽어서 장사 지낼 때까지의 일

상가(喪家) : 장례를 치르는 장소, 상을 당한 자택이나 장례식장

상주(喪主) : 고인의 자손으로, 장례를 주관하는 사람

빈소(殯所) : 상가에서 분향하는 곳, 발인 때까지 관을 두는 곳

조문(弔問) : 조상(弔喪)과 문상(問喪)을 합친 말로 조상은 고인의 죽음을 슬퍼하며 빈소에 예를 갖추는 것, 문상은 상을 당한 상주를 위로하는 것

문상(問喪) : 고인의 유족을 위로하는 일

유족(遺族) : 고인과 친인척 관계에 있는 사람

부고(訃告) : 고인의 죽음을 알리는 통지

부의(賻儀) : 초상집에 부조를 보내는 위로금

기일(忌日) : 고인이 돌아가신 날

장례 절차

수시(收屍) : 시신이 굳어지기 전에 머리 및 팔과 다리 등을 가지런히 하는 행위, 천시(遷屍)라고도 한다.

염습(殮襲) : 시신을 깨끗이 씻겨 수의를 입힌 뒤 염포로 묶는 것으로, 줄여서 '염'이라고도 한다.

소렴(小殮) : 상례 절차에서 반함이 끝난 후 시신에 수의를 입히는 일

대렴(大殮) : 소렴이 끝난 후 시신을 묶어 관에 넣는 의식

결관(結棺) : 영구(시신을 입관한 관 또는 개장 유골을 넣은 관)를 운반하기 편하도록 묶는 일

습골(拾骨) : 화장 후 유골을 유골 용기 또는 분골 용기에 담아 수습하는 행위

보공(補空) : 시신이 흔들리지 않게 관의 빈 곳을 채우는 일

운구(運柩) : 영구를 장지로 운반하는 절차

발인(發靷) : 상가 또는 장례식장에서 영구를 운구하여 장지(葬地)로 떠나는 일

장지(葬地) : 시신을 매장하거나 화장하여 봉안 또는 자연장을 하는 장소

매장(埋葬) : 시신을 땅에 묻는 것

납골(納骨) : 화장유골 또는 개장유골을 납골 시설에 안치하는 일

자연장(自然葬) : 화장한 유골의 골분(骨粉)을 수목·화초·잔디 등의 밑이나 주변에 묻어 안치하는 것

주 석

1 장로교 예배는 개인예배, 가정예배, 공예배로 구분된다.
2 성경 봉독 이후 찬양대의 순서를 포함할 수 있으나, 성경 봉독과 설교가 하나로 연결되게 하는 것이 바람직하다.
3 하나님을 높이는 찬양을 부르는 자들로서 찬양대라 부르는 것이 바람직하다.
4 성례 예식 참조. 학습, 입교, 세례 예식의 위치는 목회적 판단에 따라 공예배 가운데 지혜롭게 정할 수 있다.
5 성례 예식 참조. 성찬식의 위치는 말씀 선포 이후가 바람직하지만, 목회적 판단에 따라 공예배 가운데 지혜롭게 정할 수 있다.
6 헌법 예배모범(8장 폐회)에 "공예배의 모든 예배는 축도(고후 13:13, 히 13:20~21, 엡 3:20~21, 살후 2:16~17, 민 6:24~25)로 하되 목사가 없는 경우는 주기도(마 6:9~13)로 폐회한다"라고 되어 있다.
7 주일 낮 예배를 기초로 구성하되 찬양과 가르침에 중점을 둔 진행이 바람직하다.
8 사도신경을 사용하고, 십계명 고백도 유익하다.
9 여러 곡의 찬송 또는 예배에 적합한 찬양곡을 부르거나 시편 낭독을 포함할 수 있고, 가족, 구역 헌신자들의 특별 찬양을 포함하는 것도 좋다.
10 목회적 판단에 따라 합심기도를 할 수 있다.
11 성탄절, 고난주간, 부활절(주일), 성령강림절(주일), 맥추절(감사주일), 추수감사절(주일) 등 각종 절기예배는 주일 오전 예배 순서를 기본으로 하여 구성한다.
12 예배의 구체적인 순서는 해당 연령자들에 맞게 표현하고 실천할 수 있다.
13 목사가 참여할 수 없는 경우 주기도로 마무리할 수 있다(헌법 예배모범 제8장 폐회).
14 주일 예배 순서에 준하고, 모든 세대가 적극적으로 참여하도록 헌금, 특송, 기도 등을 구체적으로 조절할 수 있다.
15 학생, 청년, 또는 세대를 대표하는 의미를 지닌 자가 인도할 수 있다.
16 한 가정이 대표로 읽거나 학생 또는 청년이 읽을 수 있다.

17 세대 전체로 구성된 특별 찬양대가 찬양을 하거나 세대별 특송을 할 수 있다.
18 초대교회와 종교개혁의 공동체 모임과 관련한 실천은 주일에는 공동예배로 발전했고, 주중에는 매일기도(daily prayer)의 실천을 발전시켜 왔다. 수요일과 금요일 등의 주중 모임은 매일 기도의 교회 실천으로서 기도회라 불리는 것이 조금 더 바람직하다.
19 여러 곡의 찬송 또는 예배에 적합한 찬양을 부르거나 시편을 함께 읽도록 한다.
20 다 같이 합심해서 기도하는 시간과 공동기도 시간을 충분히 확보하는 것이 유익하다.
21 학습교인은 교회에 등록하여 교회에 입문하기를 원하는 원입교인이 출석한 지 6개월이 지나 만 14세 이상이 되면 당회의 학습고시를 거쳐 입교하기 위해 교리를 공부하는 교인이다.
22 경우에 따라 자리에 계속 앉아 있을 수도 있다.
23 기도 내용은 구체적으로 목회자가 새롭게 구성하거나 조절할 수 있다.
24 세례 받은 자녀와 가정, 회중이 서로 환대하고 축하할 수 있도록 박수, 꽃다발, 선물 등을 세례증서와 함께 전달할 수 있다.
25 신앙후견인은 부모가 될 수도 있다.
26 혹은 요한복음 3:5~8, 로마서 6:3~7, 사도행전 2:38~42
27 예배 순서 중에 포함할 경우, 여기서 생략 가능하다.
28 마태복음 26:6~9, 마가복음 14:22~4, 누가복음 22:15~20에서 선택할 수도 있다.
29 성찬식 때 부득이한 경우 집사가 장로를 보조할 수 있다(교회정치 문답조례 제130문).
30 성령님의 임재를 위한 기도를 하였으므로 분병, 분잔 시에 다시 기도할 필요가 없다.
31 교회의 상황과 여건에 따라서 자유롭게 시행할 수 있고, 성경 구절 낭독 없이 반주만 할 수도 있다.
32 성찬 예배 등에서 '주의 만찬'이 갖는 유월절의 의미와 예수 그리스도 십자가의 고난과 대속의 의미를 드러내고자 할 때 사용할 수 있다.
33 고난주일 예배가 아닌 성찬 예배에서 그리스도의 임재에 참여하고 연합하는 것을 드러낼 때 사용할 수 있다.

34 교회의 상황과 여건에 따라서 반주만 시행할 수도 있다.
35 로마서 8:9~11, 6:5 등은 고난주일 성찬 예식 외에 성찬 예배에서 사용할 수 있다.
36 '교회창립예배'라는 용어는 피하는 것이 좋다. 교회창립은 예수 그리스도의 사도들이 직접 최초로 창립한 초대교회에 적용되고, 이후 모든 교회는 설립에 적용된다.
37 기공식 당일에 지역주민과 마찰이 생기지 않도록 사전에 준비를 다해야 한다.
38 생략할 수 있다.
39 기공 예배를 허락하신 하나님께 영광을 돌리고 참석한 내빈들께 감사를 표한다. 시공 회사에도 감사와 축복의 말을 전한다. 그런 후 준비한 기념품에 대해 광고한다.
40 담임목사, 건축위원장, 위원 등이 예배당 출입문에 설치된 테이프를 끊는다. 회중은 박수로 화답한다.
41 '건'은 열쇠를 뜻하며 열쇠는 황금으로 하면 좋다.
42 시무하는 교회 담임목사가 입혀주는 것이 좋다.
43 안수받은 목사가 여러 명일 경우 연장자 순으로 한다.
44 목사의 위임식은 노회가 허락한 후 1년 이내에 노회가 설치한 위임국에서 거행하며, 위임국장은 교회가 속한 노회의 해당 시찰장으로 한다.
45 타 교회에서 임직을 받고 이명하여 취임을 하는 임직자는 안수기도를 하지 않는다.
46 당회원(장로)이 장로 임직자에게 하는 안수는 『교회정치문답조례』(J. A. 하지)의 권장에 따라 하지 않는 것이 좋다.
47 타 교회에서 임직을 받고 이명하여 취임하는 임직자는 안수기도를 하지 않는다.
48 서리집사는 임명에 대한 '공포'가 없으므로 '임명장 수여'로 대신한다.
49 원로 목사의 노회 추대위원장은 본 교회가 속한 노회장 혹은 해당 시찰장 목사가 하는 것이 좋다.
50 이와 더불어 20년 사역을 정리하는 회고 영상을 제작해서 시청하면 좋다.
51 추가적으로 전도서 4:12(혼인의 유익), 데살로니가전서 4:3~4(거룩함으로 혼인을 준비할

것), 고린도전서 13:4~7(사랑으로 지켜가야 할 삶의 방식), 마태복음 1:18~25(일정한 기간 근신하며 지켜야 할 것) 등을 설교할 수 있다.

52 다문화 가정의 결혼식을 위해 영문을 병기한다.
53 찬송가 601~605장이 혼례에 관한 찬송이다.
54 이외에도 창세기 2:23~24(둘이 한 몸을 이룰지로다), 잠언 5:18~19(서로를 족하게 여기라), 시편 128:5~6(아름다운 가정의 표상), 골로새서 3:18~19, 베드로전서 3:7(남편과 아내의 책임), 히브리서 13:4(혼인을 귀히 여기라) 등을 설교할 수 있다.
55 결혼 예배 중 축하 순서는 예배를 마친 후 진행하는 것이 좋다.
56 선택적으로 시행할 수 있다.
57 장례 예식을 거행할 때 처음부터 끝까지 모든 절차를 제대로 갖추어 잘 치를 수 있도록 하기 위하여 상가 안팎의 일을 지휘하고 관장하는 책임을 맡은 사람. 호상으로는 죽은 사람과 상주의 집안 사정 및 인간관계를 잘 아는 친척이나 친우 가운데서 상례 절차를 잘 알고 또 절차에 따른 일들을 잘 처리할 수 있는 사람을 골라 모신다. 그렇게 하여 상주가 다른 일에는 신경을 쓰지 않고 단지 상주로서의 의무만을 제대로 이행할 수 있도록 도와주는 사람이다. (『한국민족문화대백과』, 한국학중앙연구원)
58 이외에도 창세기 49:29(유언이 설교가 되게 하라), 열왕기상 2:1~4(죽음은 모든 사람이 가는 길이다) 등으로 설교할 수 있다.
59 살아 있을 때와 불신자를 위해 기도할 때 유의한다.
60 고인의 시신을 깨끗이 씻은 다음 수의를 입히고 입관하는 일이다.
61 시신이 굳어지기 전에 머리 및 팔과 다리 등을 가지런히 하는 행위이다.
62 입관과 입관 예배는 형편에 따라 순서가 바뀔 수 있다.
63 이외에도 입관 찬송으로는 찬송가 608장(후일에 생명 그칠 때)과 610장(고생과 수고가 다 지난 후)을 추천한다.
64 이외에도 창세기 50:22~26(야곱의 입관), 역대하 32:33(한 사람의 죽음에 대한 경의는

표할 필요가 있다), 요한복음 14:1~6(예수님이 천국에 우리 집을 예비하셨다), 요한복음 11:25~26(예수를 믿는 자는 죽어도 살아나고 영원히 죽지 않는다), 빌립보서 3:20~21(하늘의 시민권을 가진 자) 등으로 설교할 수 있다.

65   고인은 이미 죽음으로 천국에 갔으나, 유가족들과 함께 천국 환송의 의미로 예식을 진행할 수 있다.

66   이외에도 발인 찬송으로는 찬송가 483장(구름 같은 이 세상)과 491장(저 높은 곳을 향하여)을 추천한다.

67   이외에도 요한계시록 21:1~4(새 하늘과 새 땅의 소망), 시편 116:15(성도의 죽음은 하나님 보시기에 귀중한 것), 요한계시록 14:13(주 안에서의 죽음은 복되다), 시편 90:4~12(인생의 한계) 등으로 설교할 수 있다.

68   시체가 놓이는 무덤의 구덩이 부분을 의미한다.

69   죽은 사람의 관직과 성씨 따위를 적은 기. 일정한 크기의 긴 천에 보통 다홍 바탕에 흰 글씨로 쓴다.

70   관을 묻은 뒤 구덩이 위에 덮는 널조각이다.

71   장사를 지낼 때 무덤 속에 흙을 떠 넣는 일을 의미한다.

72   무덤을 만드는 일을 의미한다.

73   이외에도 하관 찬송으로는 찬송가 486장(이 세상에 근심된 일이 많고)과 489장(저 요단강 건너편에 찬란하게)을 추천한다.

74   이외에도 요한복음 11:25~26(믿음으로 인한 부활과 영생), 데살로니가전서 4:13~18(소망 있는 슬픔), 디모데후서 4:7~8(면류관을 기대하라) 등으로 설교할 수 있다.

75   시신 기증식은 생전에 고인이 시신 기증을 약속하고 사망했을 때 그 유가족들이 기증받을 기관에 기증하는 예식이다. 보통 기증을 선약한 기관(병원)에서 기증식을 하지만 사망 장소에 따라 발인 장소에서 할 수도 있다.

76   기증서는 생전의 고인이 직접 작성하거나 유언에 따라 가족 대표가 작성하되 기증받는 병

원이나 기관과 협의하여 작성한다. 이때 시신 인도 시점, 유해 처리 방법, 납골당 제공 등 대우 그리고 수증(受贈)을 거부할 경우 등 제반 문제에 대해 확인하고 시신 기증서를 작성하여야 한다.

77 화장 예식은 짧은 시간 안에 간결하게 집례하는 것이 바람직하다. 운구 차량 혹은 고인의 구가 안치된 영안실의 경우 구가 보는 방향에서 오른쪽에 유족, 왼쪽에 조문객이 선다. 예배실과 분화실 앞의 경우, 앞쪽에 유족들이 선다.

78 수목장 예식은 목관이나 화장한 골분을 나무, 화초, 잔디 등의 밑이나 주변에 묻는 자연친화적인 장묘 의식이다.

79 장례를 마친 당일 귀가 후 또는 일정한 기간이 지난 후 목사는 유족들을 위로하고, 모든 장례 절차를 인도하신 하나님께 감사하며 예식을 진행하는 것이 좋다.

80 불교 혹은 토속사회에서는 삼우제라고 한다.

81 불교 혹은 토속사회에서는 49제라고 한다.

82 추모 예배는 조상에게 드리는 기독교 제사 의식이 아니다. 따라서 예배의 초점은 하나님의 구원 사역과 감사에 맞추어져야 한다. 고인의 신앙 생활을 추모한다. 추모 예배 전에 상차림을 해서는 안 되며 예배 후에 음식을 나눈다.

83 〔예배모범 제15장〕 가정예배는 집집마다 행할지니 아침저녁으로 기도하며 성경을 읽으며 찬송함으로 한다.

84 총회가 발행한 구역공과를 활용한다.

85 〔헌법적 규칙 제12조〕 교회에서 헌법에 의지하여 성직(聖職)을 받은 자 외에 병자를 위하여 함부로 안수하는 일은 삼가야 한다.

86 본 교단 총회는 이를 '회갑'(回甲)이나 만 61세가 되는 '진갑'(進甲)이라는 명칭을 쓰지 않기로 결의한 바 있음을 유의한다. 또 이북 실향민에게는 '진갑'(進甲)이 70세임을 유의한다.

87 허례허식을 삼가고 사업과 관련하여 미신과 우상숭배가 되는 의식을 삼간다. 이웃과 친지를 초청하여 함께 예배드리는 것이 좋다.

88 건축 현장에 건물 투시도와 평면도를 세워 놓으면 좋다.
89 기공 중 필요한 흙과 삽, 가위, 장갑 등을 마련해 놓으면 좋다. 흙을 쌓아둔 장소에 둘러서서 삽을 잡고 기도한 후 첫 삽을 뜬다.
90 관청의 준공 검사를 마치고 준공식을 해야 한다.
91 미신적인 일, 예를 들면 택일하는 일 등은 하지 말아야 한다. 간단한 음식을 장만하고 친지들이나 동료 교인들을 초청하여 교제하며 하나님께 감사한다.
92 장례 현장에서 유족과 관계자, 장례식장, 장례지도사 등과의 소통에 필요한 이해를 위해 『시사상식사전』에서 인용했다.

「새표준예배·예식서」 개정 약사

1. 1978. 제63회 총회에서 예배모범에 준한 전통적 예식서를 사용하기로 하고 출판하다.
   - 집필자 : 김희보 교수, 김현중 목사, 박병진 목사

2. 1992. 제77회 총회에서 신판 「표준예식서」를 발행하기로 결의하고 1993년 발행하다.
   - 감수위원 : 이삼성 목사, 이봉학 목사, 유인식 목사, 한석지 목사
     　　　　　최기채 목사
   - 집필위원 : 김국일 목사, 김동권 목사, 이봉춘 목사, 황승기 목사
     　　　　　박승준 목사, 김도빈 목사, 강문석 목사, 황덕규 목사
     　　　　　우병조 목사, 박갑진 목사, 오영호 목사, 이영희 목사
     　　　　　최성구 목사, 김혁서 목사, 임태득 목사, 최웅진 목사
     　　　　　전대웅 목사, 김영수 목사, 최재우 목사, 김태규 목사

3. 2005. 4. 1. 「표준예식서」 개정 증보의 건을 교육국 실무자에게 청취하고 잔무는 위임하기로 하다.

4. 2006. 2. 「표준예식서」에 대한 연구자료를 검토하여 진행하기로 하다.
   - 연구위원 : 안성모 목사
   - 개정위원 : 박순오 목사, 정진모 목사, 배종근 목사, 김재국 목사
     　　　　　최종원 목사, 김성길 목사, 김태우 목사, 이규왕 목사
     　　　　　황성철 교수
   - 감수위원 : 황승기 목사, 장차남 목사, 신세원 목사, 최기채 목사
     　　　　　한명수 목사, 서기행 목사, 이재영 목사, 김인환 교수

5. 2007. 1. 12. 감수위원 연석회의를 통하여 감수를 철저히 하여 재감수본을 받기로 하다.

- 집필자 안은찬 목사
6. 2007. 7. 12. 「표준예식서」 재감수 결과 전면 수정하기로 하다.
7. 2007. 8. 9. 「표준예식서」를 전면 수정 보완하기로 하고 김인환 교수가 팀을 이루어 진행하기로 하다.
   - 위원 : 김인환 교수, 배종근 목사, 남창우 목사, 이문희 목사, 소재열 목사, 민찬기 목사
8. 2008. 2. 21. 「표준예식서」 개정 및 해설서 발간을 위하여 다시 준비키로 하다.
9. 2008. 3. 27. 「표준예식서」 감수회의
   1) 명칭을 「표준예식서」로 하기로 하다.
   2) 「새표준예식서」 형식을 통권 형식과 섹션 형식으로 나누어 발간하기로 하다.
   3) 예식 진행 동영상 CD를 제작하여 예식서에 부착하기로 하다.
   4) 예수님이 '하나님 되심'을 '하나님이심'으로 고치기로 하다.
   5) 학습에 대한 설명으로 '세례 예비단계' 설명을 넣기로 하다.
   6) 유아세례(만 2세 이하)와 학습(만 14세 이하) 사이에 신급 단계를 두어서 교적에 대상자로 삼기로 하고, 노회에서 헌의 및 교육부에서 연구 및 위원을 청원하기로 하다.
   7) 「표준예식서」를 재집필 작업하기로 하고, 그 일은 교육국 실무자가 담당하기로 하고, 교육부 임원회에서 점검하기로 하다.
10. 2009. 8. 13. '표준예식서수정보완위원회'를 조직하다.
    1) 위원장 이규왕 목사, 서기 배광식 목사, 회계 김성원 목사
       위원: 이근수 목사, 정연철 목사

2) 예배는 이규왕 목사, 성례식은 배광식 목사, 임직식은 이근수 목사, 봉헌식은 정연철 목사, 혼례식과 상례식은 김성원 목사, 부록의 신년축하예배는 이규왕 목사, 교회설립기념예배는 이근수 목사, 생일감사예배는 정연철 목사, 추모예배는 배광식 목사, 교사임명식과 찬양대 임명식은 김성원 목사가 맡기로 하다.

11. 2012. 12. 14.「새표준예식서」감수자 총 72명 명단 확정, 감수 결과 재집필키로 하다.

12. 2012. 12. 17.「표준예식서」위원 재선정은 교육국에 맡겨 진행하기로 하다.

13. 2014. 헌법개정 작업 시작으로 완료 시까지 예식서 작업을 중단하기로 하다.

14. 2020. 1. 9. 제105회 총회에서「표준예식서」발간을 다시 허락받음으로 예산을 청원하기로 하다.

15. 2020. 10. 20. 제105회 총회 수임사항인「표준예식서」재발간의 건은 이행하기로 하고 예산청원은 교육부 임원회 보고 후 처리하기로 하다.

16. 2021. 5. 6.「표준예식서」개정 추진을 허락하기로 하다.

17. 2021. 6. 3.「표준예식서」개정 추진은 교육전도국장에게 일임하기로 하다.

18. 2021. 6. 21. 주종훈 교수에게 "개혁주의 입장에서 예식 연구" 의뢰하다.
    - 한국 각 교단의 예식서 비교분석

19. 2021. 9.「표준예식서」개정 작업은 한 회기 연장하여 허락받다.

20. 2022. 2. 10. 집필위원 선정 및 재수정 집필하다.
    - 집필위원 : 윤영민 목사, 주종훈 교수, 이풍인 목사, 정명호 목사
      교육국 담당자

21. 2022. 9. 28.「표준예식서」개정 작업은 한 회기 연장하여 완료하기로 하다.

22. 2022. 10. 7. 감수위원을 선정하다.

23. 2022. 10. 18. 감수 의뢰하다.

24. 2022. 10. 28. 감수 1차 완료하다.

25. 2022. 11. 18.「표준예식서」공청회를 갖다.

26. 2023. 4. 17.「표준예식서」를 총회실행위원회에 보고하다.

27. 2023. 9. 18. 제108회 총회에서 「새표준예배·예식서」로 발간을 허락하다.

발간위원장 오정호
지 도 위 원 서기행 장차남 이승희 소강석 권순웅
감 수 위 원 고광석 고영기 권성수 권성호 김관선 김기철 김남준 김대혁 김대훈 김미열 김병수 김상기 김서택 김성욱 김영우 김장교 김정호 김창훈 김한욱 김화중 김희수 남성욱 노경수 라영환 류명렬 박성규 배재군 양현표 이규현(수영로) 이규현(은혜의동산) 이성화 이재서 이형만 임영식 임재호 장봉생 장영일 전승덕 정갑신 정승원 지동빈 최광영 하재송 하재호 한기영

집필위원장 윤영민
집 필 위 원 주종훈 이풍인 정명호 노재경 양재권 조만준

새표준예배·예식서

개정판발행 • 2024년 2월 15일
개정판2쇄 • 2025년 3월 4일

　　　　1993년　4월 20일　초판
　　　　1995년　3월 10일　2판
　　　　2010년 10월 15일　3판

편집 • 대한예수교장로회총회 교육부
제작 • 대한예수교장로회총회 출판부
발행 • 대한예수교장로회총회

주소 • 06177 서울특별시 강남구 영동대로 330
전화 • (02) 559-5632, 559-5655
팩스 • (02) 6940-9384
인터넷 서점 • www.holyonebook.com

출판 등록 • 제1977-000003호
ISBN 979-11-93071-59-5 03230

ⓒ2024, 대한예수교장로회총회
※잘못된 책은 바꾸어 드립니다.

값 12,000원